Sabine Lohf

Das große
NATUR
BASTELBUCH

GERSTENBERG

Die Bastelanleitungen in diesem Buch sind sorgfältig erwogen und mehrfach geprüft worden. Eine Garantie oder Haftung der Autorin oder des Verlags ist ausgeschlossen.

Der Film zum Buch auch auf YouTube!

Copyright © 2015 Gerstenberg Verlag, Hildesheim
Alle Rechte vorbehalten
Idee, Konzept, Text, Fotos & Gestaltung:
Sabine Lohf, Bad Nenndorf
Fachliche Durchsicht der botanischen Begriffe: Margot Wilhelmi, Sulingen

Druck: TBB, a.s., Banská Bystrica
Printed in the Slovak Republic

www.gerstenberg-verlag.de
ISBN 978-3-8369-5796-0

Die Natur ist voller Wunder! Zu jeder Jahreszeit gibt es neue schöne und spannende Dinge zu entdecken. Bei einem Spaziergang durch Wiesen und Wälder kannst du dich am Anblick der Naturschätze erfreuen oder mit Stöcken, Steinen und Blättern spielen. Und wenn du magst, nimmst du sie mit nach Hause, um sie zu sammeln oder damit zu basteln.

Im Frühling laden dich blühende Wiesen voller Gänseblümchen und leuchtendem Löwenzahn zum Spielen ein. Zu Hause kannst du aus den Blütenköpfen der Gänseblümchen eine Gans oder andere Figuren legen. Die Löwenzahnblüten werden zu einer Löwenmähne oder zu kleinen, gelben Küken.

Bei einem Strandurlaub im Sommer solltest du auf Schatzsuche gehen: Im Sand verbergen sich glänzende Steine und hübsche Muscheln. Daraus lassen sich lustige Meeresbewohner basteln. Vielleicht magst du dir aber auch einfach eine Sammlung anlegen, zum Beispiel in einer Pralinenschachtel.

Kastanien, Kürbisse, Hagebutten, bunte Blätter – im Herbst zeigt die Natur wieder ein neues Gesicht. Es wird früher dunkel, da macht ein Lichterfest im Hexenwald mit Lampionblumen besonders viel Spaß.

Im Winter gibt es in der Natur ebenfalls viel zu entdecken, auch wenn du manchmal etwas genauer schauen musst. Tannenzapfen, trockene Blütendolden und Nüsse kannst du in zauberhafte Wesen wie Weihnachtswichtel und Schneetänzerinnen verwandeln.

In diesem Buch findest du viele Ideen für Basteleien, Spiele und andere schöne Dinge, die du mit den Schätzen der Natur machen kannst. Deine Kuscheleule, dein Steinkrake und deine Propeller-Libelle müssen aber nicht genauso aussehen wie auf den Bildern. Dann wären es ja nicht deine eigenen!

Die meisten Naturmaterialien sind vergänglich und halten nicht sehr lange – Steine, Muscheln, Äste oder getrocknete Blätter einmal ausgenommen. Das macht aber nichts, denn beim Basteln geht es nicht nur um das fertige Werk! Bereits beim Sammeln der Naturschätze begibst du dich auf eine Fantasiereise: Was wohl einmal aus dieser Kastanie wird? Oder aus jener Blüte? Das entscheidest du ganz allein. So kann sich jeder Zweig, jedes Schneckenhaus und jede Frucht in die unglaublichsten Dinge verwandeln und immer neue Geschichten erzählen.

Viel Spaß beim Suchen, Entdecken, Sammeln, Basteln und Spielen!

Inhalt

6   Auf in die Natur!
8   Werkzeuge und Materialien

12 In dieser Jahreszeit findest du …
14 Flauschige Vögel ✳
16 Weidenkätzchen ✳
18 Von der Raupe zum Schmetterling ✳
20 Löwenzahn ✳
22 In der Hexenküche ✳
24 Pusteblumenspiel ✳
26 Gänseblümchen ✳
28 Viele, viele Veilchen ✳
30 Frühjahrskopfputz ✳
32 Blütenschnee ✳
34 Tulpen und Narzissen ✳
36 Riesenblätter ✳
38 Kleine Herzen, große Herzen ✳
40 Glücksklee ✳
42 Blütenfee im Tellersee ✳
44 Grüner Schopf ✳
46 Alles rosig ✳
48 Weißt du, wie viel Sternlein stehen? ✳
50 Schneckenhäuser ✳

54 In dieser Jahreszeit findest du …
56 Königlicher Mohn ✳
58 Mohnblumen für Mama ✳
60 Willkommen im Klettenklub! ✳
62 Kratzdistelkakteen ✳
64 Wuschelige Distelschafe ✳
66 Grasindianer ✳
68 Grün, grün, grün … ✳
70 Mähne, Fell und Federkleid ✳
72 Mützen aus Kapuzinerkresse ✳
74 Sonnenblumen ✳
76 Geburtstagskranz ✳
78 Auf zum Blütenball! ✳
80 Kräuterduft liegt in der Luft ✳
82 Holunderbeerenrabe ✳
84 Ahornfruchtgetier ✳
86 Ferienfundstücke ✳
88 Steine, Sand und Meer ✳
90 Was schwimmt denn da? ✳
92 Farnfische ✳

96	In dieser Jahreszeit findest du …	136	In dieser Jahreszeit findest du …
98	Kastanienbande ✱	138	Von drauß' vom Walde … ✱
100	Kastanienkatze und Co ✱	140	Zauberhafte Zapfen ✱
102	Allerlei Eicheln ✱	142	Sternenhimmel ✱
104	Die ganze Welt aus Eicheln ✱	144	Schneesterne ✱
106	Männlein im Walde ✱	146	Winterzweige ✱
108	Moosmonster ✱	148	Eiszeit ✱
110	Filzfliegenpilz ✱	150	Kleine Nusskunstwerke ✱
112	Schöne, bunte Blätter ✱	152	Nussspiele ✱
114	Beim Blattkünstler ✱	154	Oh, Orangen! ✱
116	Lieblinge aus Laub ✱	156	Rudi Reisig ✱
118	Gruselgirlande ✱	158	Vom Himmel hoch … ✱
120	Kürbisköpfe ✱		
122	Lichterfest im Hexenwald ✱		
124	Ach, wie gut, dass niemand weiß … ✱		
126	Maismajestäten ✱		
128	Kunstwerke aus Mais ✱	✱	1/2–1 Tag haltbar
130	Kreativ mit Kartoffeln ✱	✱	1–2 Tage haltbar
132	Alles Apfel oder was? ✱	✱	lange haltbar

Auf in die Natur!

Dieses Buch lädt dich dazu ein, die Vielfalt der Natur zu entdecken. Beim Blättern bekommst du bestimmt Lust, hinauszugehen und selbst nach Schneckenhäusern, bunten Blüten und verschiedenen Blattformen Ausschau zu halten.

Die Natur ist ein Künstler

Bei einem Streifzug durch die Natur wirst du ganz viele Formen und Farben vorfinden. Und je geschulter dein Blick wird, umso mehr werden dir besondere Dinge auffallen. Vielleicht magst du heute mal nach Naturschätzen suchen, die rot sind? Oder rund? Und morgen zählen, wie viele verschiedene Insektenarten dir begegnen? So wird jeder Spaziergang durch die Natur zu einer spannenden Seh-Reise!

Sieht dieser bemooste Baumstamm nicht aus wie ein Dinosaurierfuß? Und welches geheime Zeichen verbirgt sich in der Borke? Die Blätter der Eselsdistel sehen aus wie ein Krake, und überhaupt gibt es Blätter in unzähligen Formen und Farben.

Ob am Himmel oder auf dem Boden: Die Natur ist eine echte Wundertüte. Da weiß man gar nicht, wo man zuerst hinschauen soll! Sie schenkt uns ganz viele kleine Schätze – und die sind auch noch ganz umsonst.

Bemooster Baumfuß

Struktur in der Borke

Eselsdistel von oben

Regenbogen

Herzförmige Blätter

Schneckenhäuser halten sich ganz lange.

Feder eines Bussards

Richtiges Sammeln

Beim Sammeln von Naturmaterialien solltest du immer daran denken, dass jedes Moospolster, jeder Baum und jede Blume ein Lebewesen ist und zugleich Lebensraum und Nahrung für andere Lebewesen bietet. Deshalb solltest du nur Sachen sammeln, die du wirklich brauchst. Wenn du von einer schönen Blume zum Beispiel nur wenige Exemplare vorfindest, solltest du sie lieber stehen lassen.

Gärten und Felder können eine wahre Fundgrube für Naturbastler sein. Bevor du dort etwas pflückst oder sammelst, solltest du aber den Besitzer um Erlaubnis fragen!

Niemals darfst du etwas mitnehmen, was unter Naturschutz steht. Dafür ist ein Bestimmungsbuch hilfreich, oder du fragst einen kundigen Erwachsenen. Wenn du einmal unsicher bist, heißt es: Hände weg! Unbekannte Pflanzen solltest du grundsätzlich nicht anfassen, sie könnten Hautreizungen auslösen oder giftig sein. Das gilt vor allem für Allergiker. Beim Umgang mit Naturmaterialien ist Händewaschen Pflicht!

Wenn du auf Sammeltour gehst, ist es hilfreich, Gartenhandschuhe, einen Beutel oder ein Körbchen und eine kleine Gartenschere dabeizuhaben. So musst du nichts abreißen und kannst sorgsam mit den Pflanzen umgehen. Mehr Tipps findest du auf den nächsten Seiten.

Gartenmohn am Wegesrand

Pilze nie anfassen oder gar mitnehmen!

Vergänglichkeit

Naturmaterialien sind unterschiedlich lange haltbar. Manche verändern sich im Laufe der Zeit, sind dann aber auf andere Art und Weise immer noch schön. Empfindlich sind vor allem frische Blüten und Blätter. Basteleien mit diesen Materialien sind nur für den Moment gedacht. Gepresst halten Blüten und Blätter sich aber länger. Wie du das machst, steht auf Seite 9.

Bevor du anfängst zu basteln, solltest du dir überlegen, ob es dir reicht, wenn dir das Kunstwerk für den Moment Freude macht, oder ob du noch lange etwas davon haben möchtest. Vielleicht ist es sogar als Geschenk gedacht? Dann solltest du Materialien wählen, die nicht sofort vergehen. Im Inhaltsverzeichnis sind die Bastelideen nach ihrer Haltbarkeit gekennzeichnet.

Egal für welche Bastelei du dich entscheidest: Sei nicht traurig, wenn die Schätze der Natur irgendwann vergehen, sondern erfreue dich an ihrer Vielfalt und Wandlungsfähigkeit! Und du kannst ja auch immer wieder etwas Neues basteln!

Werkzeuge und Materialien

Das kannst du gut gebrauchen:

Knete
Zahnstocher
Streichhölzer
Blumendraht
Klebeband, Klebstoff
Gartenschere
Gartenhandschuhe
Wattekugeln
Farben, Pinsel
Schere
Paketband
Wolle
Holzbohrer
...

Draußen in der Natur findest du die Grundzutaten, die du zum Basteln brauchst. Um Blüten, Blätter und Co zu verarbeiten und zu verzieren, benötigst du aber noch weitere Werkzeuge und Materialien. Lege dir eine Bastelkiste für diese Dinge an, dann hast du immer alles parat, wenn du mit deinen gesammelten Schätzen nach Hause kommst. Beim Basteln mit vergänglichen Materialien ist es besonders wichtig, gleich loslegen zu können.

Zum Malen, Schneiden und Kleben brauchst du eine feste Unterlage, zum Beispiel eine stabile Pappe oder einige Lagen altes Zeitungspapier. Als Untergrund kann dir ein Tisch dienen oder auch der Fußboden.

Wenn du mit einem Holzbohrer, Messern oder spitzem Draht arbeitest, solltest du dir von einem Erwachsenen helfen lassen. Dies kann zum Beispiel beim Basteln mit Kürbissen, Kastanien oder Borke der Fall sein. Aber auch an Grashalmen und Papier kann man sich schneiden! Deshalb solltest du immer einen Erwachsenen über dein Bastelvorhaben informieren.

In der Regel kannst du alle in diesem Buch aufgeführten Materialien mit normalem Flüssigklebstoff kleben. Sollte sich eine bestimmte Klebstoffart besser eignen, findest du einen Hinweis bei der jeweiligen Bastelanleitung. Manchmal sind auch Bindfäden, Draht oder Klammern geeignet, um etwas zu fixieren oder zu verbinden.

Frische **Blüten und Blätter** kannst du zwischen einigen Lagen Zeitungspapier pressen, die du zusätzlich mit Büchern beschwerst (siehe auch Tipp auf Seite 113). Nach einigen Tagen sind sie getrocknet und schön glatt. Nun lassen sich damit prima Bilder oder Collagen kleben.

Lange **Gräser** solltest du nicht einfach abreißen, weil du dich daran schneiden könntest. Schneide sie am besten mit einer Schere ab. Um aus den Gräsern Zöpfe zu flechten oder Figuren zusammenzubinden, benötigst du Bindfäden und Blumendraht.

Kastanien und Eicheln findest du im Herbst. Die Kunstwerke, die du daraus bastelst, sind länger haltbar. Um Löcher für Streichholzarme und -beine vorzubohren, brauchst du einen Holzbohrer. In ganz frische Kastanien lassen sich manchmal auch ohne diese Vorarbeit Zahnstocher hineinstecken.

Groß, rund und orangefarben? Stimmt! Aber **Kürbisse** gibt es noch in ganz vielen anderen Farben und Formen. Um damit zu basteln, brauchst du ein großes Schneidbrett, ein Brotmesser und ein Küchenmesser. Lass dir von einem Erwachsenen helfen, denn die Schale der meisten Kürbisse ist sehr hart und man kann leicht mit dem Messer abrutschen.

Mais lässt sich ganz frisch am besten verarbeiten, dann kannst du die Blätter schön formen und bemalen. Und auch nach dem Trocknen bleiben sie sehr gut in Form. Frische Maiskolben können leicht durchgebrochen oder geschnitten werden.

An feuchten Stellen im Wald oder unter Büschen findest du **Moos.** Mit einem Küchenmesser kannst du ein Polster ablösen. Aber Achtung: Viele Moosarten stehen unter Naturschutz!

Wenn du auf Moos aus dem Gartencenter zurückgreifst, kannst du ganz sicher sein, dass du es verwenden darfst.

Bastle nur mit ungespritzten **Orangen,** denn dann kannst du die Schalen ohne Bedenken anfassen und verarbeiten. Presse die Orangen zuerst aus und trinke den Saft – mit Vitaminen gestärkt bist du bestimmt doppelt so kreativ! Achte darauf, dass du beim Basteln nicht mit den Fingern an die Augen kommst, denn das brennt.

Wusstest du, dass **Pilze** weder Pflanzen noch Tiere sind, sondern zu einem eigenen Pilzreich gehören? Wenn du ein schönes Exemplar wie zum Beispiel einen Fliegenpilz entdeckst, darfst du es anschauen oder fotografieren, aber keinesfalls anfassen oder gar mit nach Hause nehmen. Da manche Pilze sehr giftig und teilweise nur schwer von ungiftigen Sorten zu unterscheiden sind, ist es Experten vorbehalten, sie zu sammeln. Außerdem sehen die Pilze an dem Ort, an dem sie stehen, meist am allerschönsten aus. Also: Finger weg!

Steine sind das haltbarste Naturmaterial und unglaublich wandlungsfähig. Du kannst sie sammeln, nach Farben oder Formen sortieren, bemalen, bekleben, damit spielen und vieles mehr.

Zapfen kannst du zu jeder Jahreszeit unter Tannen, Fichten oder Kiefern sammeln. Bei Trockenheit sind die Zapfen geöffnet, bei Feuchtigkeit geschlossen. Das musst du bedenken, wenn du sie bemalen möchtest. Am besten legst du sie für einige Stunden an einen trockenen Platz, bevor du damit bastelst.

Frühling

Der Frühling ist schön. Es wird wieder wärmer, und die Sonne lässt auch die allerletzten Schneereste schmelzen. Zarte Schneeglöckchen nicken den ersten Veilchen zu. In den Ästen der Bäume zwitschern die Vögel. Bald sprießen auch die Blätter von Birke, Buche und Co. Die Bienen summen in den Blüten, Igel und Feldhamster sind aus dem Winterschlaf erwacht. Bei einem Spaziergang in der Natur kannst du Weidenkätzchen, Löwenzahn, Gänseblümchen, Tulpen und noch viele andere Frühlingsboten entdecken. Schau mal auf den nächsten Seiten nach, was du alles mit ihnen zaubern kannst!

In dieser Jahreszeit findest du ...

flauschige Blütenstände

Löwenzahn

Schneckenhäuser

Blätter

Gänseblümchen

blaue Blümchen

... und noch vieles mehr!

Flauschige Vögel

Wie Wattekugeln sehen die Samenstände der Gewöhnlichen Waldrebe aus. Manche Vogelarten nutzen sie zum Nestbau. Auch du kannst die Blüten pflücken und am besten in einem kleinen Eimer nach Hause tragen, damit sie nicht platt gedrückt werden. Die Ranken der Waldrebe lassen sich leicht formen, deshalb hat man sie früher zum Flechten von Körben verwendet. Du kannst dir daraus ein Vogelnest für deine flauschigen Blütenküken basteln.

Waldreben sind Lianen. Sie ranken sich um Bäume. Im Sommer blühen die Pflanzen, danach bilden sich aus den Blüten die weißen Samenstände.

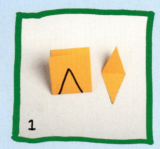

Für den Schnabel faltest du einen Streifen Tonpapier und schneidest von der Faltkante aus eine dreieckige Form zu.

Klebe den Schnabel und zwei kleine Perlen als Augen auf einen Samenstand.

Möchtest du den Vogel auf einen Zweig setzen? Dann klebe ihm kleine Wäscheklammern als Beine an und schneide Füße aus Tonpapier aus, klebe sie fest und klemme den Vogel auf einen Ast.

Die Waldrebe wird auch Clematis genannt. Forme ihre Zweige zu einem runden Nest.

Im Vogelnest

Piep, piep! In das Nest kannst du deine flauschigen Vögel oder auch etwas anderes hineinsetzen.

Natürliche Nester

Welchem Vogel dieses Nest wohl einmal gehört haben mag? In kahlen Sträuchern oder auf dem Waldboden wirst du vielleicht solche verlassenen Vogelnester aus dem letzten Jahr entdecken. Wenn du deinen Fund mit nach Hause nimmst, kannst du Eier aus Knete formen und in das Nest legen.

Weidenkätzchen

„Weidenkätzchen" nennt man die samtweichen Blütenstände der Sal-Weide. Du darfst sie nicht pflücken, denn sie stehen unter Naturschutz. Die Blüten sind eine wichtige Nahrungsquelle für Bienen. In Gärtnereien oder Blumenläden kannst du aber Sal-Weidenzweige kaufen. Wenn du sie streichelst, fühlen die Kätzchen sich an wie kleine Mäuse oder wie Hasenohren.

Sal-Weiden wachsen entlang von Hecken und Wegen und an Waldrändern.

Eine Sal-Weide hat entweder nur männliche oder nur weibliche Blüten. Die männlichen bekommen im Frühling gelbe Staubgefäße.

Die weiblichen Blüten sehen grünlich aus.

Häschen

Einen Hasen klebst du aus zwei Wattekugeln zusammen. Dann klebst du ihm Ohren, Arme und Füße aus Weidenkätzchen an. Zum Schluss malst du ihm ein Gesicht.

Mäuschen

Die kleinen Mäuse schneidest du aus rosafarbenem Tonpapier aus. Auf die Körper klebst du je ein Weidenkätzchen und befestigst einen Schwanz aus Wolle daran.

Katz und Maus

Auf einen Bogen Tonkarton kannst du eine ganze Mäusefamilie kleben. Die Katze schneidest du aus schwarzem Tonkarton aus und klebst sie auf einen Bogen helleren Karton. Zum Schluss klebst du beide Bögen zusammen. Das ist ein schönes Geschenk für Mäusefreunde – und für Katzenfreunde natürlich auch!

Von der Raupe zum Schmetterling

Die hängenden, grünlichen Blütenstände der Zitterpappel heißen „Kätzchen", obwohl sie wie Raupen aussehen.

Im März und April findest du unter Zitterpappeln diese grünen „Raupen". Das sind die Blütenstände dieser Bäume. Damit kannst du dir ein Raupenrennspiel basteln – oder einen schönen bunten Schmetterling.

1 Zitterpappelblatt
2 Von Raupen zerfressenes Blatt

Raupenrennen

Bemale eine Wattekugel als Raupenkopf und klebe sie auf einen Blütenstand. Vorn am Kopf befestigst du mit einer kurzen Stecknadel einen langen Faden. Das Ende des Fadens wickelst du um ein Stöckchen und verknotest es.

Wenn jeder Mitspieler eine Raupe gebastelt hat, kann das Rennen beginnen: Messt eine beliebige Strecke aus und markiert Start und Ziel. Auf einem glatten Untergrund könnt ihr das zum Beispiel mit Kreide machen. Jeder Mitspieler legt seine Raupe an die Startlinie und wickelt die Schnur bis hinter die Ziellinie ab. Die Fäden müssen straff gespannt sein. Auf ein Kommando beginnt ihr, die Fäden so schnell wie möglich aufzuwickeln. Wer gewinnt das Raupenrennen?

Schmetterlinge

1. Aus einer bunten Filtertüte (siehe Kasten rechts unten) Schmetterlingsflügel ausschneiden.
2. Eine bemalte Wattekugel als Kopf an einen Blütenstand kleben.
3. Die Raupe auf die Schmetterlingsflügel kleben.
4. Goldenen Blumendraht als Fühler in den Kopf stecken.

Eine Filtertüte auf einen Stapel altes Zeitungspapier legen und mit einem dicken Pinsel zunächst reichlich Wasser und dann bunte Farben auftragen. Du kannst die Farben auf dem nassen Untergrund auch mischen oder übereinander auftragen, das ergibt besonders schöne Muster. Gut trocknen lassen.

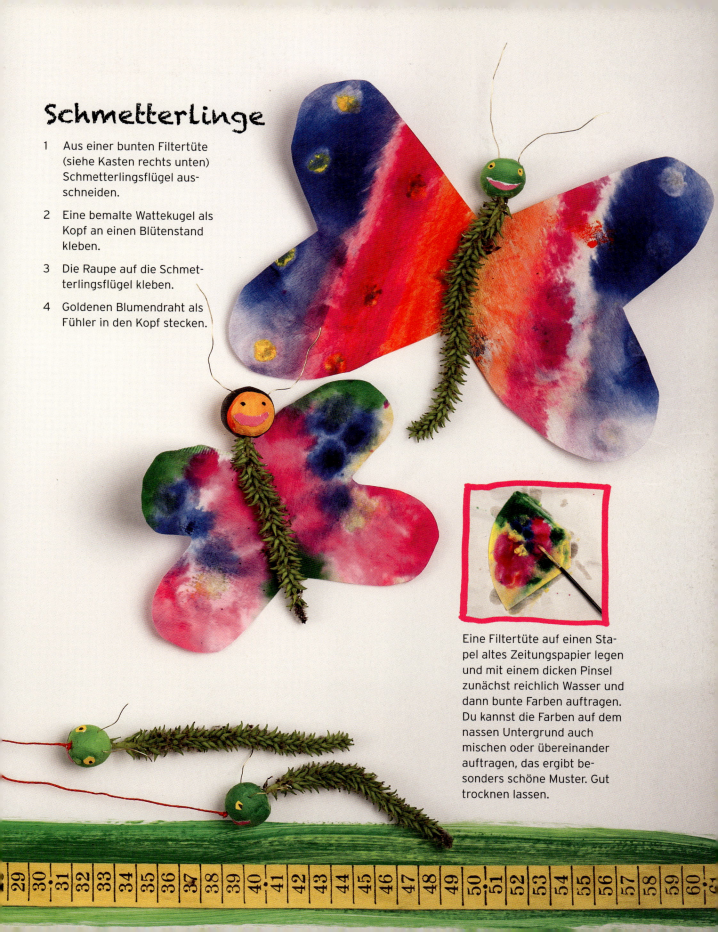

Löwenzahn

„Löwenzahn, Löwenzahn, zünde deine Lichtlein an!" So beginnt ein altes Kinderlied. Und tatsächlich: Die ersten Blüten des Löwenzahns leuchten wie kleine Sonnen auf der grünen Wiese. Pflücke sie und schau, was du damit alles machen kannst!

Der Gewöhnliche Löwenzahn blüht von April bis Juni und vereinzelt bis in den Herbst. In seinen Stängeln befindet sich ein milchiger Saft. Der ist zwar nicht giftig, aber ziemlich klebrig. Und er verfärbt die Hände braun.

Kerzen

Kennst du jemanden, der im Frühling Geburtstag hat? Dann kannst du ihm oder ihr ein Bild mit Löwenzahnkerzen gestalten. Wie viele Blüten brauchst du dafür?

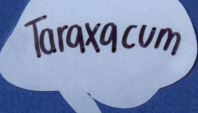

Taraxacum

Der lateinische Name des Löwenzahns lautet *Taraxacum*. Das klingt doch wie ein Zauberspruch, oder?

Küken

Schneide Schnabel und Beine aus Papier aus und klebe sie auf einen Untergrund aus farbigem Papier. Darauf klebst du die Löwenzahnblüte. Die Augen bestehen aus kleinen Perlen.

Ein Löwe mit grünen Zähnen

Seinen Namen verdankt der Löwenzahn den gezähnten Blättern. Deshalb macht ihm dieses Löwenbild alle Ehre! Schneide den Kopf aus gelbem Tonpapier aus, klebe Nase und Augen aus Papier auf und klebe Blüten als Löwenmähne rings um den Kopf. Ein schönes, gezacktes Blatt kommt mitten ins Gesicht.

Spiegelei

1 Für dieses appetitliche Bild malst du eine Tischdecke auf ein Blatt Papier und schneidest einen Teller aus Tonpapier aus. Messer und Gabel kannst du malen oder ebenfalls ausschneiden.

2 Dann reißt du die Spiegeleiform aus weißem Papier, klebst sie auf den Teller und setzt eine Blüte, das Gelbe vom Ei, darauf.

Löwenzahn ist tatsächlich essbar. Aus den Blättern kann man Salat zubereiten, und die Blüten kann man roh verzehren oder Gelee daraus kochen.

In der Hexenküche

Drachen, Löwenlocken, Kringelmonster ... Das und noch vieles mehr kannst du aus den Blättern und Stängeln des Löwenzahns zaubern. Wenn du beim Basteln leise den lateinischen Namen der Pflanze aussprichst, gelingen die Zauberbastelwerke bestimmt noch besser!

Löwenzahn wächst in unseren Breiten fast überall, sogar in Mauerritzen!

Löwenzahn-Lindwurm

Der Sage nach ist ein Lindwurm ein schlangenartiger Drache ohne Flügel. Dieses fantastische Wesen kannst du aus Löwenzahnblättern herbeizaubern. Sammle dafür Blätter mit besonders schönen Zacken und presse sie zwischen mehreren Lagen Zeitungspapier. Nach einigen Tagen sind die Blätter trocken und schön glatt. Lege sie auf einem Blatt Papier zu einem Drachen zurecht und klebe sie fest. Aus dem Maul lodern Flammen aus gerissenem Papier.

Ein kleiner, mutiger Korkenritter versucht, den Lindwurm mit seiner Lanze und seinem Blütenschild zu bezwingen. Aus einem Sektkorken, in den du Arme und Beine aus Schrauben drehst, hast du den furchtlosen Kerl schnell gebastelt.

Taraxacum, kringelt euch!

2 Lass die Kringel an der Luft trocknen oder tupfe sie mit Küchenpapier ab.

1 Schneide einige Löwenzahnstängel in etwa 4 bis 5 Zentimeter lange Stücke. Schlitze jedes Stück an beiden Enden mit einem kleinen Messer kreuzförmig ein. Dann legst du die Stücke ins Wasser und kannst beobachten, wie die Kringel entstehen.

Pusteblumenspiel

Die verblühten Blütenköpfe des Löwenzahns werden im Volksmund „Pusteblumen" genannt. Sie sehen aus wie die Frisuren von feinen alten Damen.

Nach nur wenigen Tagen verblüht die gelbe Löwenzahnblüte und wird zur Pusteblume.

Male eine Dame auf festen Zeichenkarton und schneide die Figur aus. Hinter den Kopf klebst du eine Pusteblume, indem du den Stängel mit einem Stück Klebeband fixierst. Wenn jeder Mitspieler eine Figur gebastelt hat, könnt ihr losspielen:
Auf die Plätze – fertig – pusten! Welche Frisur ist als Erstes verflogen? Für die nächste Runde klebst du einfach eine neue Pusteblume hinter den Kopf.

Hier siehst du die haarigen Flugschirme, an denen die Früchte hängen.

Sie werden vom Wind davongetragen. So verbreitet sich der Löwenzahn.

24

Stelle eine Figur vor eine Pusteblume auf der Wiese. Das sieht toll aus – und ein Mitspieler kann nach der „alten Dame" suchen.

Dieser Pustekuchen wird in einem Minimuffinförmchen serviert.

Die kahlen Blütenköpfe sehen aus wie kleine Quallen.

Gänseblümchen

Eine mit Gänseblümchen übersäte Wiese ist wunderschön. Die kleinen Blumen gehören zu den ersten Frühlingsboten nach dem Winter. Ihren Namen verdanken die Pflanzen den Gänsen, die gern die leckeren Blütenköpfe fressen. Die Blütenstände des Gänseblümchens öffnen sich nur bei schönem Wetter, bei Regen bleiben sie geschlossen. Sammle sie deshalb nur bei Sonnenschein!

Gänseblümchen blühen von März bis September. Die weißen Zungenblüten haben oft rötliche Spitzen.

Zwergenhantel

Dafür brauchst du ein Gänseblümchen mit längerem Stiel sowie ein weiteres, von dem du mit den Fingernägeln den Stängel direkt unter der Blüte abknipst. In das Loch, das unter der Blüte entsteht, steckst du den Stiel des ersten Gänseblümchens.

Er liebt mich...

... er liebt mich nicht. Bei diesem Spiel zupfst du die vielen kleinen Zungenblüten eines Gänseblümchens einzeln ab. Bei jedem Blütenblatt sagst du entweder „Er liebt mich" oder „Er liebt mich nicht". Was du beim letzten Blütenblatt sagst, trifft zu!

Endloskette

Aus Gänseblümchen und Löwenzahn kannst du eine lange Kette knüpfen. Ritze mit dem Fingernagel längs einen Schlitz in den ersten Stiel und ziehe den Stängel der nächsten Blume hindurch. Dann ritzt du einen Schlitz in diesen Stängel und machst immer so weiter, bis die Kette lang genug für dich ist. Schließe die Kette, indem du den letzten Stängel ebenfalls durch den Schlitz des ersten steckst.

Gänseblümchengans

Schneide den Körper der Gans aus weißem Tonpapier sowie Schnabel und Füße aus gelbem Tonpapier aus. Bedecke den Körper mit Kleber – Sprühkleber ist am besten dafür geeignet – und klebe ganz schnell die Blütenköpfe darauf. Zum Schluss klebst du Schnabel und Füße an die Gans und befestigst eine kleine Perle als Auge am Kopf.

Tipp

Gepflückte Gänseblümchen verwelken recht schnell. Mach ein Foto von deinem Kunstwerk, dann kannst du dich noch lange daran erfreuen.

Viele, viele Veilchen

Wilde Veilchen mögen es schattig. Hier haben sich Märzveilchen einen Platz am Waldrand gesucht.

Hornveilchen und Stiefmütterchen, die ebenfalls zu den Veilchengewächsen gehören, kennst du bestimmt aus dem Garten oder vom Balkon. Um wilde Veilchen in der Natur zu finden, brauchst du etwas Glück, aber manchmal kannst du die wunderschönen violetten Blümchen im Moos entdecken. Erfreue dich an ihrer Farbe und ihrem Duft, aber pflücke sie nicht! Zum Basteln verwendest du besser Hornveilchen oder Stiefmütterchen, die größer sind als ihre wilden Verwandten. Du kannst die Blüten pressen oder kleine Geschenke damit basteln.

Hornveilchen haben eine etwas größere Blüte.

Stiefmütterchen gibt es in vielen unterschiedlichen Farben.

Das Veilchen steht für Bescheidenheit. Darum geht es auch in diesem Gedicht:

Sei wie das Veilchen im Moose,
bescheiden, sittsam und rein.
Nicht wie die stolze Rose,
die immer bewundert will sein.

Veilchen im Nest

Wickle ein kleines Nest aus Ostergras und setze ein ausgeblasenes, mit Goldfarbe angemaltes Ei hinein. Oben in das Ei steckst du ein Veilchen. Das ist ein schönes Geschenk zu Ostern oder auch für einen Geburtstag.

Veilchenbilder

Presse ein paar schöne Blüten von Hornveilchen oder Stiefmütterchen zwischen einigen Lagen Zeitungspapier, die du zusätzlich mit Büchern beschwerst. Nach ungefähr einer Woche kannst du die Blüten herausnehmen, sie auf ein Blatt Papier kleben und etwas dazumalen. Hänge deine Kunstwerke an eine Wäscheleine – dann hast du eine kleine Galerie.

Das blaue Band des Frühlings

Das blaue Band ist ein Sinnbild für den Frühling. Es symbolisiert den blauen Himmel und die Veilchen, die mit ihrem Duft und der schönen Farbe die Menschen nach dem langen Winter erfreuen. Klebe deine gepressten Veilchenblüten auf ein Schleifenband und dekoriere damit euren Frühstückstisch oder die Kaffeetafel.

Frühjahrskopfputz

Schlehen haben Dornen, deshalb bieten sie Hasen und Vögeln Schutz. Du musst aber auf deine Finger aufpassen! Schneide nur die Spitzen der Zweige ab.

Mit Indianergeheul den Frühling begrüßen – das macht nach einem langen Winter Spaß! Bastel dir einen Kopfschmuck aus Wellpappe, in den du die ersten blühenden Zweige oder kleine Äste mit Blättern steckst. So wirst du zum Indianer Grünes Blatt, zu Prinzessin Ranunkel oder zur Blütenfee. Hecken mit blühenden Sträuchern findest du in dieser Jahreszeit fast überall.

So sieht das Stirnband von oben aus. Die Zweige steckst du in die Löcher der Wellpappe.

1. Schneide einen Streifen Wellpappe zurecht, 6 Zentimeter breit und so lang, dass er fast ganz um deinen Kopf passt.

2. Lege den Streifen auf einen Untergrund und male ihn an. Trocknen lassen.

3 Ziehe mit einer Stopfnadel einen Faden durch ein Ende des Streifens und verknote ihn. Am anderen Ende des Streifens befestigst du einen weiteren Faden auf die gleiche Weise.

4 Stecke deine gesammelten Zweige von oben in die Wellpappe.

5 Um das Stirnband aufzusetzen, verknotest du die Fäden mit einer Schleife.

Blütenschnee

So schön leuchten die blühenden Apfelbäume im Frühjahr auf den Obstwiesen.

Hier siehst du eine Apfelblüte aus der Nähe. Die Blüten locken viele Bienen an. Du kannst das Summen schon von Weitem hören.

Wie weiße Wolken sehen die Kronen der blühenden Obstbäume in der grünen Landschaft aus. Und wenn ein starker Wind weht, wirbeln die Blüten wie Schneeflocken durch die Luft. Stell dich unter einen Baum und lass die Blütenblätter auf dich rieseln!

Manche Menschen sagen in dieser Jahreszeit auch: „Die Bäume tragen ein Hochzeitskleid." Eine schöne Vorstellung, dass die Bäume heiraten – findest du nicht?

... die Katze lief im Schnee." So beginnt ein altes Kinderlied. Weißt du, wie es weitergeht?

Du kannst Blütenblätter und auch herabgewehte Zweige mit Blüten daran von der Wiese aufsammeln und in einem kleinen Eimer nach Hause tragen.

Wenn sie etwas feucht sind, zum Beispiel nach einem Regenguss, duften die Blüten besonders gut.

Stecke eine kleine Holzperle als Kopf auf den Stiel einer Blüte. Dann klebe zwei Streichhölzer als Beine von unten in die Blüte. Fertig ist die kleine Tänzerin!

Dieser Schneemann trägt einen schwarzen Hut.

Dieser Blütenschneemann trägt eine Mütze aus rotem Papier. Außerdem braucht er noch eine lange, orangefarbene Nase, Perlenaugen und einen Schal aus Krepppapier.

Tulpen gibt es in vielen verschiedenen Farben. Sie wachsen aus Zwiebeln.

Narzissen sind gold- bis hellgelb oder auch weiß. Die Nebenkrone in der Mitte ist meist orangefarben bis gelb.

Tulpen und Narzissen

Tulpen und Narzissen sind besonders schön leuchtende Frühlingsblumen. Im geschlossenen Zustand sieht die Blüte der Tulpe manchmal aus wie ein Ei. Die Nebenkrone der Narzisse (so nennt man den inneren, röhrenförmigen Teil der Blüte) gleicht dagegen der Spitze einer Eierpappe. Wie wäre es also, wenn du dir diese Frühlingsschätze einfach selbst bastelst? Das Schöne daran: Sie verblühen niemals!

1

Für die Narzisse aus einem Eierkarton eine Spitze herauslösen und gelb anmalen.

2

Einen ca. 30 Zentimeter langen Streifen Seidenpapier wie im Bild zurechtschneiden. Wie das geht, steht auf Seite 58. Blätter aus grünem Papier ausschneiden.

3

Die Spitze der Eierkartonkrone mit Klebstoff bestreichen und den weißen Blütenstreifen ringsherum kleben.

4

Einen Streifen Papier wie im Bild oben einschneiden, aufrollen und als Staubblätter in die Krone kleben.

5 Für den Stängel ein Holzstäbchen oder einen getrockneten Zweig grün anmalen.

1. Für die Tulpe ein Holzstäbchen durch die beiden Löcher eines ausgeblasenen Eies stecken. Ein Ende des Stäbchens in einen Korken stecken, damit das Ei nicht herunterrutscht. Mit dem Stäbchen kannst du das Ei drehen, um es von allen Seiten zu bemalen. So bleiben die Hände sauber!

2. Das Holzstäbchen grün anmalen und die Blüte daraufstecken. Eventuell mit Klebeband fixieren.

Du kannst deine Blumen in einen Topf mit Blumenerde stecken.

Riesenblätter

Die Blätter der Großen Klette werden bis zu 50 Zentimeter lang – ein Riesenbastelspaß!

Die Große Klette findest du an Bächen, Wegrändern oder Schuttplätzen. Im Frühjahr sprießen ihre Blätter, im Sommer kommen die stacheligen Blütenkörbe (siehe Seite 60) hinzu.

Maske

Schneide mit einer Schere Augen und Mund in ein Blatt und bemale es anschließend.

Gemustert

Die Adern eines Blattes ergeben tolle Muster. Ziehe sie mit einem kleinen Pinsel und Farbe nach, dann siehst du sie besonders gut.

Geschenkpapier

Mit den großen Blättern kannst du kleine Geschenke originell verpacken. Verwende zum Verschnüren ein Band aus Bast oder lange Gräser und schmücke das Paket mit ein paar Blümchen. Die perfekte Verpackung für Naturfreunde!

Bemalt

Du kannst die großen Blätter auch als Leinwand benutzen und darauf malen, was du möchtest. Wie wäre es mit ein paar Krabbelkäfern oder anderem Getier, das über das Blatt huscht? Ist die Farbe getrocknet, presse das Blatt zwischen einigen Lagen Zeitungspapier. So getrocknete Blätter kannst du später als Tischsets benutzen, zum Beispiel für deine nächste Geburtstagsfeier. Bemale einfach so viele Blätter, wie Gäste kommen.

Kleine Herzen, große Herzen

Du hast ein Herz für die Natur? Die Natur hat auch ganz viele Herzen für dich! Es gibt klitzekleine Herzen wie die Schötchen des Gemeinen Hirtentäschels, aber auch mächtige Baumkronen, die wie auf dem Kopf stehende Herzen aussehen und eine ganze Allee säumen. Halte bei einem deiner nächsten Ausflüge danach Ausschau. Bestimmt kannst du noch viel mehr Herzen entdecken: Herzen aus Stein, Herzen aus Moos, herzförmige Wolken am Himmel ...

Seinen Namen verdankt diese Pflanze wohl ihren Früchten, den herzförmigen Schötchen, die den Taschen von Hirten aus früherer Zeit ähneln. Das Gemeine Hirtentäschel wächst auf Äckern und an Wegen. Das Kraut hat kleine, weiße Blüten.

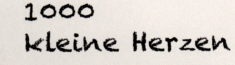

Rot und grün

Schneide aus rotem Tonkarton ein Herz aus und setze es hinter das Hirtentäschelkraut. Vor dem roten Hintergrund werden die kleinen, grünen Herzen richtig gut sichtbar. Vielleicht magst du ein Foto von diesem Kunstwerk in der Natur machen?

1000 kleine Herzen

Lege die Schötchen der getrockneten Pflanze in eine beklebte Streichholzschachtel. So kannst du viele kleine Herzen verschenken.

38

Diese Pflanze heißt Tränendes Herz.

Herzförmiges Zierweinrebenblatt

Moosherz

Herzförmige Baumkrone einer Winter-Linde

Herzen entdecken

Die Natur ist voller Herzen – das ganze Jahr über. Das herzförmige Blatt gehört eigentlich in den Herbst, aber wenn du es presst und in einer Schatzkiste aufbewahrst, kannst du dich auch im Frühjahr noch daran erfreuen.

Gedrucktes Herz

Bemale ein herzförmiges Blatt, zum Beispiel von einer Pfeifenwinde, mit roter Farbe und drucke damit auf ein saugendes Papier. Nach dem Trocknen kannst du es verschenken.

Glücksklee

Kleepflanzen haben in der Regel drei Blätter, aber ganz selten findet man auch ein vierblättriges Kleeblatt. Es soll seinem Finder großes Glück bringen. Möchtest du jemandem Glück für etwas wünschen? Dann sag es mit einem Kleeblatt!

Klee wächst auf fast allen Wiesen. Es gibt rot und weiß blühende Arten. Die Pflanze dient als Futter für Kühe und Pferde. Hasen und Kaninchen mögen sie aber auch sehr gerne. Deshalb wird Klee auch „Hasenbrot" genannt.

Gemogelt!

Du möchtest jemandem einen Glücksbringer schenken, findest aber beim besten Willen kein vierblättriges Kleeblatt? In diesem Fall ist Mogeln ausnahmsweise mal erlaubt. Klebe ein dreiblättriges Kleeblatt auf ein Stück Tonkarton und klebe ein weiteres einzelnes Blatt hinzu. Fixiere alles mit Klebefolie und schneide die überstehenden Kanten der Folie ab. Pikse mit einer Schere ein Loch in die Karte und ziehe ein Band hindurch.

Hopfenklee

Schweinchen im Glück

Mit den duftenden Rot-Kleeblüten als Nase fühlen sich die Schweinchen sauwohl! Die Köpfe schneidest du aus Tonpapier aus, Augen und Mund sind aufgemalt. Klebe zum Schluss noch je zwei Streichholzbeinchen von hinten an die Schweine.

Ferkelinchen

Male Ferkelinchen, ihr Kleid und die Beine auf Tonpapier und schneide sie aus. Dann klebe schöne dicke Blüten als Knöpfe auf das Kleid.

Die kugeligen Blüten des Rot-Klees haben einen nussartigen Geschmack. Vor dem Verzehr solltest du sie gut waschen!

Blütenfee im Tellersee

Die weißen Blüten des Schwarzen Holunderstrauches verströmen im Mai einen wunderbaren Duft. Man kann aus ihnen Tee, Marmelade, Sirup und andere Köstlichkeiten herstellen. Die Blütenstände sehen aus wie Feenkleider und eignen sich prima zum Basteln. Schneide sie einfach mit einer Schere vom Strauch.

1. Male ein Gesicht auf eine Wattekugel und klebe sie auf einen Holunderstängel.
2. Umwickle den Stängel mit Silberfolie.
3. Binde unterhalb der Kugel ein Stück Geschenkband um den Stängel.
4. Schneide Flügel aus Klarsichtfolie aus und klebe sie von hinten an die Fee.

Der Schwarze Holunder ist eine alte Heilpflanze und vielerorts zu finden. Schau dich mal in deiner Nähe um! Auch die Früchte sind sehr gesund – roh darf man sie aber nicht essen!

Dieser Tee wirkt wohltuend bei Erkältungen und Halsschmerzen: zwei Teelöffel Holunderblüten mit 1/4 Liter kochendem Wasser überbrühen und zehn Minuten ziehen lassen.

Fülle einen tiefen Teller mit Wasser und setze die Fee an den Rand. Du kannst den Teller auch mit weiteren Blüten schmücken und ein paar Schwimmkerzen ins Wasser setzen. In der Dämmerung zündest du die Kerzen an und schaust den schwimmenden Blüten zu. Vielleicht fällt dir dazu eine Feengeschichte ein?

Grüner Schopf

Gerstenfelder wogen im Wind wie ein grünes Meer. Geh noch etwas näher heran: Die Ähren mit den langen Grannen sehen aus wie grüne Insekten oder borstige Haarschöpfe. Vom Wegesrand kannst du dir einige Gerstenhalme mit nach Hause nehmen.

Gerste ist eine sehr alte Getreideart und stammt aus dem Orient. Sie gehört zur Pflanzenfamilie der Süßgräser. An den Körnern sitzen lange, grüne „Haare", die man Grannen nennt. Im Laufe des Sommers wird die Gerste gelb.

Tipp

Hefte den Grashüpfer mit Stecknadeln auf einen Pappuntergrund, dann kannst du ihn an die Wand hängen.

Grashüpfer

1   Bemale eine Wattekugel als Insektenkopf und stecke sie auf eine Ähre.

2   Knicke zwei Halme jeweils in der Mitte und befestige sie mit Nähgarn direkt unter dem Kopf an der Ähre. Das sind die vier Vorder- und Mittelbeine.

3   Für die hinteren Beine befestigst du zwei längere Halme an derselben Stelle und knickst sie wie im Bild zu sehen.

4   Klebe zwei Grannen als Fühler an den Kopf.

Bürstenkopf

Schneide einen Kopf aus Wellpappe aus und klebe Augen, Ohren und Mund aus Tonpapier darauf. Stecke die Ähren als Haare oben in die Pappe oder klebe sie von hinten daran fest.

Alles rosig

Hecken-Rosen sind schnell wachsende, rankende Pflanzen. Durch ihr dichtes Gestrüpp kommt niemand hindurch – nur der Prinz, der Dornröschen wach geküsst hat! Nimm dich vor den pikenden Stacheln in Acht und zieh am besten Handschuhe an, wenn du die Zweige mit einer Gartenschere abschneidest.

Rosen gibt es in vielen verschiedenen Züchtungen. Dies ist eine Gartenrose namens 'Sympathie'.

Madame Rosa

Zwischen Kopf und Rosenrock (siehe Kasten links) wickelst du einen Streifen Papier um das Stäbchen und verklebst die Kanten. Klebe ein paar Wollfäden als Haare auf den Kopf und stecke darauf mit einer Stecknadel eine Rosenblüte fest. Unten in den Rock steckst du zwei Zahnstocher als Beine und klebst Schuhe aus Buntpapier daran. Jetzt noch zwei Streichhölzer als Arme ankleben – und Madame Rosa ist bereit zum Tanz!

Stecke zwei bis drei Rosenblüten auf ein Holzstäbchen. Umwickle Stängel und Stäbchen mit Klebeband und klebe eine Wattekugel als Kopf auf das Stäbchen.

So sieht eine Hecken-Rose aus.

Schlaf schön, Dornröschen!

Für Dornröschens Bett brauchst du eine Schachtel mit Deckel. Schneide den Deckel in zwei Hälften und klebe diese wie im Bild zu sehen an die beiden Enden der Schachtel. Du kannst das Bett noch „königlich" mit Goldpapier bekleben.

Dornröschen besteht aus einem Zahnstocher, auf den du eine Wattekugel setzt. Male der Kugel ein Gesicht mit geschlossenen Augen. Wickle Seidenpapier um den Zahnstocher und verknote es unter dem Kopf mit einem goldfarbenen Band. Klebe Haare aus Wollfäden und Arme aus Streichhölzern an. Zum Schluss legst du Dornröschen in ihr Bett und deckst sie mit Rosenblütenblättern zu.

Weißt du, wie viel Sternlein stehen?

Die Sternmiere ist ein Nelkengewächs. Sie liebt schattige Plätze im Moos oder im Gras. Du findest sie auch zu Füßen großer Bäume im Wald.

Kleine, weiße Blüten sehen aus wie Sterne, das gilt ganz besonders für die Große Sternmiere. Vielleicht magst du ihre Blüten für ein Sterntalerbild sammeln? Gänseblümchen (siehe Seite 26) oder Holunderblüten (siehe Seite 42) sind dafür ebenfalls geeignet.

Sternenhimmel

Auf einem dunklen Untergrund, zum Beispiel blauem Tonpapier, leuchten die weißen Blüten besonders schön. Mit einer Rakete aus einer leeren Klopapierrolle, die du mit roten und weißen Papierstreifen beklebst, kannst du zu den Sternen fliegen.

Die geraden Kanten eines Dreiviertelkreises übereinanderschieben und zusammenkleben. Das ist die Spitze der Rakete.

Krepppapierstreifen

48

Sterntaler

1. Male das Innere eines Kartondeckels oder einer flachen Holzschachtel mit blauer Farbe, den Rand mit silberner Farbe an.

2. Klebe einen Waldboden aus Moos an die untere Kante. Die Tannen bestehen aus Farnspitzen.

3. Klebe einen Mond aus Buntpapier auf.

4. Sterntaler besteht aus einer Holzwäscheklammer, die du in ein Kleid aus Seidenpapier wickelst. Klebe ihr zwei Streichhölzer als Arme und gelbes Papier als Haare an.

5. Verteile zum Schluss die Blüten. Wenn sie verblüht sind, kannst du sie durch Papiersterne ersetzen.

Schneckenhäuser

An geschützten Stellen, zum Beispiel unter Hecken, finden sich oft leere Schneckenhäuser. Aber wo sind bloß die Schnecken geblieben? Sie wurden entweder gefressen oder sind in der Sonne vertrocknet. Auch das gehört zur Natur. Die Schneckenhäuser überdauern ewig, weil sie aus festem Kalk sind. Sie sind sehr hübsch anzuschauen, du kannst schöne Dinge mit ihnen basteln und damit spielen.

Schnecken werden bereits mit ihren Häusern geboren. Sie schützen die Weichtiere vor Fressfeinden und Verletzungen.

Schneckenhäuser gibt es in vielen Farben und Formen. Auch beim nächsten Urlaub am Meer kannst du nach ihnen Ausschau halten. Vielleicht magst du dir eine Schneckenhaussammlung anlegen?

Türme

Wie aus 1001 Nacht sehen die Turmspitzen aus Schneckenhäusern aus. Klebe sie einfach in Pappröllen und versieh die Türme mit Fenstern und Türen.

50

Murmelspiel

Bemale eine feste Pappe mit grüner Farbe. Dann schneide einen langen Streifen Wellpappe zu und fixiere ihn mit Stecknadeln spiralförmig am Pappuntergrund. In die Mitte der Spirale klebst du das Schneckenhaus einer Weinbergschnecke – das ist besonders groß. Nun versuchst du, die Murmeln in das Schneckenhaus zu rollen, indem du die Pappe in beiden Händen hältst und hin und her bewegst.

Schneckengesellschaft

Verwandle deine gesammelten Schneckenhäuser mit Knete, aufgerolltem Papier, Filz oder anderen Materialien in bunte Märchenwesen. Fällt dir dazu eine Geschichte ein?

Sommer

Der Sommer ist schön! Weiße Wattewolken segeln am blauen Himmel, die Sonne scheint heiß und fröhlich auf uns herab. Viele bunte Blumen blühen und Schmetterlinge flattern geschäftig von Blüte zu Blüte. Das Korn auf den Feldern wird reif. Du kannst mit Mohnblumen, Disteln, Kletten, Gräsern, Stroh, Kräutern, Steinen, Muscheln und vielen anderen Schätzen des Sommers basteln. Was du alles damit machen kannst, erfährst du auf den nächsten Seiten.

In dieser Jahreszeit findest du ...

Blätter

Blüten

Gras

Königlicher Mohn

Wie Tänzer in roten Seidenkleidern leuchtet der Klatschmohn ab Mai in den Kornfeldern und am Wegesrand. Die Blüten sind besonders zart und schön. Wenn du sie mit nach Hause nimmst, halten sie nicht lange, aber du kannst trotzdem märchenhafte Figuren daraus zaubern und dich einen Tag lang ihrer Schönheit erfreuen. Sollen die Blüten etwas länger halten, dann presse sie vor dem Basteln zwischen einigen Lagen Zeitungspapier. Sie verlieren dadurch zwar ihre leuchtend rote Farbe, sind aber immer noch wunderhübsch und seidenzart.

Eine Klatschmohnblüte blüht meist nur einen Tag, dann fallen ihre Blätter ab.

Schmetterling

Aus zwei Blütenblättern kannst du einen Schmetterling legen. Der Körper besteht aus einem Stück vom Stängel, an dem noch der Blütenkopf sitzt. Als Fühler verwendest du Stecknadeln.

König und Prinzessin

Diese Majestäten werden aus dem etwas größeren Gartenmohn gebastelt. Wickle die Blütenblätter mit einem goldenen Faden oder einem Streifen Seidenpapier um den Stängel. Eine Krone aus Gold- oder Silberpapier unterstreicht den königlichen Charakter.

Blütentänzerinnen

Für diese Tänzerinnen biegst du die Blütenblätter des Klatschmohns nach unten. Auf die Fruchtknoten, die sich in der Mitte der Blüten befinden, malst du Gesichter und steckst zwei Stängel als Beine in die roten Röcke. Nun fehlen noch Schuhe aus Buntpapier, dann können die Damen lostanzen!

Hallo, kleine Raupe!

Mohnblütenknospen, die sich gerade öffnen, sehen doch aus wie der Kopf einer Raupe, oder? Aus weiteren geschlossenen Knospen und den Staubblättern (sie befinden sich in der Mitte der Blüte) kannst du eine kleine Raupe zusammenlegen.

Mohnblumen für Mama

Frische Mohnblüten sind schnell vergänglich. Selbst gebastelte Blumen aus getrockneten Mohnkapseln halten sich dagegen ewig und sind ein wunderbares Muttertagsgeschenk! Die Kapseln des Klatschmohns sehen aus wie kleine Köpfe, die eine Krone tragen. Es fehlen nur noch Kleider aus Seidenpapier, um sie wieder in königliche Blumen zu verwandeln.

In den trockenen Fruchtknoten (Kapseln) des Klatschmohns befinden sich oft noch die schwarzen Samen.

1. Falte einen 40 Zentimeter langen und 7 Zentimeter breiten Streifen rotes Seidenpapier einmal der Länge nach, sodass er doppelt liegt.
2. Falte den Streifen im Zickzack wie eine Ziehharmonika. Das sieht dann aus wie in Bild A.
3. Schneide den offenen Rand halbkreisförmig zu.
4. Falte die Blüten auseinander (B).
5. Wickle die Blüten unterhalb der Kapsel um den trockenen Blütenstängel (C).
6. Binde die Blüten mit einem Stück Blumendraht fest und zupfe sie in Form.

7 Bemale die kleinen Kronen mit einem Goldstift. Außerdem brauchen die Köpfe noch Gesichter.

8 Stelle die Blumen zusammen mit ein paar Gräsern in eine Vase. Du kannst den Strauß noch mit anderen Blüten oder einer Schleife verzieren.

Willkommen im Klettenklub!

Die kugeligen Fruchtstände der Großen Klette (siehe auch Seite 36) können ganz schön gemein sein: Sie bleiben am Pullover hängen und sind nur schwer wieder zu entfernen. Kein Wunder also, dass man die Pflanze auch Gemeine Klette nennt.* Aber gerade weil die Fruchtstände so toll anhaften, kannst du schöne Dinge damit basteln.

Umgangssprachlich werden die Fruchtstände einfach „Kletten" genannt. Sie bestehen aus hakigen Hüllblättern, die violette Blüten umschließen. Sie kommt im Hochsommer zum Vorschein. Willst du die Kletten ernten, brauchst du eine Schere und Handschuhe.

Schmetterling

Auf Filz haften Kletten besonders gut. Für den Schmetterling die Flügel aus einem Stück Filz ausschneiden und die Kletten in die Mitte setzen. Kopf und Fühler sind ebenfalls aus Filz. Male deinen Falter zum Schluss noch an.

Klettenraupe

Die Raupe sitzt auf einem Blatt aus Filz. Setze sie darauf einfach aus Kletten zusammen. Augen, Mund und Zunge sind ebenfalls aus Filz. Wenn diese Teile von allein nicht halten, kannst du zusätzlich noch etwas Klebstoff verwenden.

* Mit gemein im Sinne von boshaft hat der Artname der Gemeinen Klette natürlich nichts zu tun. „Gemeine" oder „Gemeiner" vor manchen Tier- und Pflanzennamen steht für „allgemein" oder „gewöhnlich".

60

Froschkönig

Forme ganz viele Kletten zu einer Kugel. Oben auf die Kugel setzt du noch zwei weitere Kletten und klebst darauf gelbe Filzaugen. Die Beine und der große, rote Mund sind ebenfalls aus Filz. Vergiss die Krone nicht!

Aus einem blauen Stück Filz schneidest du einen Teich für den Froschkönig und setzt ihn dort hinein. Quak!

Seerosen

Schneide aus verschiedenfarbigen Filzstücken Blüten aus und setze jeweils eine Klette in die Mitte. Wenn der Blütenkorb schon etwas geöffnet ist und die violette Blüte hervorschaut, sehen deine Seerosen besonders schön aus.

Klettendart: Klebe aus mehreren Filzkreisen eine Dartscheibe zusammen, hänge sie an einen Baum und ziele mit den Kletten darauf.

Kratzdistelkakteen

Die Gewöhnliche Kratzdistel wächst auf sonnigen Wiesen und an Wegrändern. Die violetten Blüten locken viele Schmetterlinge an.

Kennst du das Lied „Mein kleiner grüner Kaktus"? Es passt zu diesen niedlichen Kakteen, denn sie sind wirklich winzig klein! Um sie zu basteln, brauchst du die dornigen Blütenkörbe der Kratzdisteln. Mit Handschuhen, einer Schere und einem kleinen Eimer kannst du sie ernten und transportieren. Halte den Eimer direkt unter die Pflanze und schneide den Blütenkorb so ab, dass er hineinfällt. Zu Hause holst du die Blütenkörbe mit Handschuhen aus dem Eimer heraus.

Blumentöpfe

Wenn du passende Miniblumentöpfe aus Ton hast, fülle sie einfach mit etwas Knete oder Erde und „pflanze" die Blütenkörbe hinein. Du kannst stattdessen auch einen ca. 40 Zentimeter langen und 5 Zentimeter breiten Streifen Wellpappe aufrollen. Fixiere das Ende mit Klebstoff und klebe um den oberen Rand einen weiteren, schmaleren Streifen. Dann setzt du den Blütenkorb von oben hinein. Deine Kakteensammlung kannst du auf die Fensterbank stellen.

Hier den Blütenkorb abschneiden.

Schau mal! Das passiert nach ungefähr 14 Tagen: Die Disteln verblühen.

Du kannst auch ein Fenster aus Tonpapierstreifen ausschneiden und es auf einen festen Tonkarton kleben. Darauf klebst du die Minikakteen in ihren Töpfen aus Wellpappe.

Wuschelige Distelschafe

Hier kannst du beides sehen: Die violetten Blüten der Gewöhnlichen Kratzdistel und den flauschigen Pappus, der nach dem Verblühen entsteht.

Verblühte Kratzdisteln bilden einen flauschigen Haarkranz, den Pappus. Die einzelnen Samen sind fester mit dem Blütenkopf verbunden als beim Löwenzahn. Sie fliegen nicht gleich davon, wenn du dagegenpustest. Diese wuscheligen Schafe sind deshalb länger haltbar als zum Beispiel die feinen Damen von Seite 24.

Schneide die Blütenköpfe mit einer Schere von der Pflanze ab und transportiere sie in einem Eimer nach Hause. Dazu solltest du dir Handschuhe anziehen.

1. Male den Körper eines Schafs auf festes, weißes Papier und schneide ihn aus.
2. Schneide Ohren und Mund aus Papier aus und klebe sie an den Kopf.
3. Klebe einen flauschigen Blütenkorb auf das Schaf.
4. Klebe zwei Streichholzbeine am Körper fest.

Aus mehreren Blüten kannst du auch ein größeres Schaf kleben.

Grasindianer

Kurz vor der Heuernte im Hochsommer, wenn die Rispen der Gräser gerade verblüht sind, ist die beste Zeit, um die schönen, langen Grashalme abzuschneiden und damit zu basteln. Reiße die Halme nicht einfach ab, sondern verwende eine Schere, denn an festen Grashalmen kann man sich schneiden!

Grasblüten sind unscheinbar und werden deshalb von Insekten kaum beachtet. Um sich zu vermehren, öffnen die Gräser an sonnigen Tagen ihre kleinen Blüten und der Wind trägt den Blütenstaub einfach davon.

Tipi

Binde ein Bündel Grashalme mit einem Band zusammen und breite die Halme am offenen Ende aus. Schon hast du ein Tipi, ein Indianerzelt, gebaut. Als Eingang klebst du noch ein dreieckiges Stück Filz auf.

Indianer

Bündele eine halbe Handvoll Grashalme und binde sie an einem Ende zusammen. Binde dann den Kopf, die Arme, den Bauch und die Beine ab und umwickle die Bänder zusätzlich mit bunter Wolle. Du kannst auch weitere Teile, zum Beispiel den Oberkörper, mit Wolle umwickeln. Das Gesicht malst oder klebst du auf.

Grün, grün, grün ...

... sind alle meine Basteleien. Schau mal, was du noch alles aus langen, grünen Gräsern machen kannst.

1 Eine Wattekugel anmalen und auf ein Holzstäbchen stecken.

2 Ein Grasbündel oben mit einem Band zusammenbinden. Zopf flechten und unten mit einem weiteren Band verknoten. Auf diese Weise einen zweiten Zopf herstellen.

3 Die beiden Zöpfe so zusammenbinden.

4 Zöpfe mit Klebstoff und Stecknadeln am Kopf fixieren.

Grüne Zöpfe

Für den Körper bündelst du das Gras und bindest es oben mit Wollfäden zusammen. Als Schmuck kannst du noch weitere Wollfäden in das Gras binden. Stecke den Kopf (siehe Kästchen links) mit dem Holzstab in die Mitte des Grasbündels. Binde ein Stirnband aus einem Streifen Filz um den Kopf und stecke eine Feder hinein.

Grüner Ball

Aus langen Grashalmen knüllst du einen Ball, den du mit Wollfäden zu einer Kugel wickelst. Verknote die Fadenenden und knote einige Streifen Krepppapier an der Wolle fest.

Tipp

Mit einem Pfeifenreiniger lässt sich ein Grasbündel besser in Form bringen und halten. Du kannst ihn auch für andere Grasfiguren benutzen.

Grünes Pferd

1. Lege einen Pfeifenreiniger in die Mitte eines Bündels Grashalme und forme aus dem Bündel Kopf und Körper des Pferdes. Umwickle alles mit Blumendraht.

2. Binde zwei weitere Grasbündel jeweils oben und unten zusammen und lege sie quer über den Pferdekörper.

3. Biege die vier Beine nach unten und fixiere sie mit Draht.

4. Schneide das Gras an den Enden der Beine und des Körpers gerade ab.

5. Binde einen Sattel aus Filzstreifen an das Pferd. Das Zaumzeug ist aus Wolle.

So die Beine an das Pferd binden.

Mähne, Fell und Federkleid

Die Rispen des Schilfrohrs werden im Sommer braun. Dann sehen sie nicht nur aus wie ein dichtes Fell, sie sind auch genauso weich. Da liegt es doch sehr nahe, flauschige Tiere daraus zu basteln!

Schilfrohr gehört zur Familie der Süßgräser. Hierzulande wächst es an Seen, Bächen und auch in manchen Gärten. Die Pflanze kann mehrere Meter hoch werden.

Pferd mit weicher Mähne

Male einen Pferdekopf auf Pappe und schneide ihn mit einem Cutter aus. Die Rispen klebst du als Mähne an den Kopf. Zum Schluss bekommt das Pferd noch ein Zaumzeug aus einem roten Faden.

Kuschelwuschel

Schneide einen Halbkreis aus Filz aus, rolle ihn zu einer Tüte und klebe die Kanten zusammen. Ohren, Augen und Mund aus Filz sowie eine Perlennase ankleben. Die Rispen in den Kopf stecken und mit Klebstoff fixieren. Der Kuschelwuschel bekommt noch vier Beine aus Filz.

Aus diesen Teilen besteht die Eule.

Kuscheleule

Klebe die Wäscheklammern und den Filzkopf auf die Pappe. Den Körper bedeckst du mit einem Bündel Rispen. Augen, Mund und Schnabel schneidest du aus Filz aus und klebst sie auf den Kopf. Die Krallen sind ebenfalls aus Filz und werden an die Klammern geklebt. Vielleicht hast du noch zwei Federn, die du der Eule als Flügel anstecken kannst.

Mützen aus Kapuzinerkresse

Die Blüten der Großen Kapuzinerkresse sehen aus wie kleine Mützen. Sammle sieben Stück und du kannst dir die sieben Zwerge basteln. Und wo die sieben Zwerge sind, darf auch Schneewittchen nicht fehlen!

Die Große Kapuzinerkresse ist eine einjährige Garten- und Balkonpflanze. Im März kannst du die kleinen, runden Samen in die Erde stecken. Das geht auch im Blumentopf.

Die Blüten erscheinen im Sommer. Sie leuchten gold- oder orangefarben und auch rot.

Schneewittchen

1 Stecke zwei Holzstäbchen als Beine in einen kleinen Apfel.

2 Male mit Filzstiften ein Gesicht und Haare auf den Apfel.

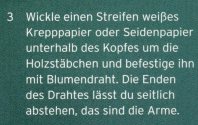

3 Wickle einen Streifen weißes Krepppapier oder Seidenpapier unterhalb des Kopfes um die Holzstäbchen und befestige ihn mit Blumendraht. Die Enden des Drahtes lässt du seitlich abstehen, das sind die Arme.

4 Stecke Perlen als Hände und Füße an die Enden von Draht und Holzstäbchen.

5 Ein Blatt der Kapuzinerkresse ist Schneewittchens Schirm.

Male die sieben Zwerge auf festes Zeichenpapier und schneide sie aus. Jeder Zwerg bekommt eine Blüte als Mütze auf den Kopf gesetzt.

Tipp

Die Blüten halten sich nicht sehr lange. Wenn sie vertrocknet sind, kannst du den Zwergen Mützen aus Papier ausschneiden und aufsetzen.

Sonnenblumen

Sonnenblumen wachsen in Gärten und auf Feldern. Die üppigen äußeren Blüten leuchten in Gelb- und Orangetönen. Sie umranden die kleineren, bräunlichen Blüten wie ein Kranz. In der Mitte des Blütenkorbs reifen die Früchte heran, die Sonnenblumenkerne. Getrocknet sind sie eine leckere Knabberei.

Sonnenblumen stammen ursprünglich aus Nordamerika. Manche Arten werden bis zu 4 Meter groß. Aus ihren Kernen wird auch Öl gepresst.

Löwe

Male die Umrisse des Löwenkörpers und zwei Beine auf ein Stück Pappe. Schneide alles mit dem Cutter aus.

Teile mit gelber Farbe anmalen und trocknen lassen.

Die Sonnenblume sieht nicht nur aus wie eine Sonne, sie dreht sich auch in ihre Richtung. An klaren Tagen verfolgt der Blütenkopf die Sonne auf ihrer Reise von Ost nach West.

3 Klebe die Beine wie im Bild zu sehen von hinten schräg an den Körper.

4 Die Blüte sieht schon von allein aus wie ein Löwenkopf mit gelber Mähne. Klebe noch Augen, Nase und Mund aus Papier auf.

5 Klebe den Blütenkorb auf den Pappkörper.

6 Der Schwanz besteht aus einem Stück Bindfaden und einem einzelnen Blütenblatt.

Sonnenkönig

1. Damit der Sonnenkönig lange hält und nicht welkt, stellst du den Stängel in eine Flasche mit Wasser.

2. Klebe Augen und Mund aus Buntpapier oder Knete in den Blütenkorb und setze dem König eine Krone aus Goldpapier auf.

3. Wickle rotes Krepppapier um den Flaschenhals und fixiere es mit einem roten Pfeifenreiniger.

4. Die Enden des Pfeifenreinigers lässt du seitlich als Arme abstehen und steckst zwei Perlen als Hände darauf.

5. Male Punkte auf ein Stück weißes Seidenpapier und wickle es als Kragen um den Königsmantel.

Geburtstagskranz

Bestimmt kennst du jemanden, der im Sommer Geburtstag hat! Vielleicht bist du es sogar selbst? Auf jeden Fall gehört zu einem sommerlichen Geburtstag ein Blütenkranz aus Kletten (siehe Seite 60) und verschiedenen bunten Blumen. Bei den Blüten hast du die freie Wahl, Löwenzahn und Kamille sehen besonders schön aus. Kerzen dürfen natürlich auch nicht fehlen!

Es gibt so viele Sommerblumen, dass man sie gar nicht alle aufzählen kann: Ringelblumen, Sommerastern, Sonnenhut, Wicken ...

Bedecke den Kranz mit Kletten.

Lege einen Pappteller auf grünen Filz, zeichne einen Kreis drumherum und schneide ihn aus. Aus der Mitte des Kreises schneidest du einen kleineren Kreis aus, sodass ein Kranz entsteht.

Schneide die Blütenköpfe deiner gesammelten Blumen ab, sodass noch ein kleines Stück des Stängels dranbleibt, und stecke sie in die Kletten.

76

Den Kranz kannst du draußen aufhängen ...

... oder dem Geburtstagskind aufsetzen.

Wenn du den Kranz als Tischdeko verwendest, kannst du noch kleine Kerzen hineinstecken.

77

Auf zum Blütenball!

Bei einem Sommerregen fallen oft viele schöne Blüten von ihren Stängeln und sind auf dem Boden zu finden. Du kannst sie sammeln und damit immer wieder neue Blütenfiguren zusammenlegen. Mit Streichhölzern, kleinen Perlen, Filzstiften und Wattekugeln lassen sich die Blütenfeen besonders schön gestalten.

Hexe mit Hut

blauer Kobold

falsche Seerose

Kräuterduft liegt in der Luft

Viele Kräuter lassen sich trocknen und duften dann immer noch herrlich. Du kannst sie in bemalte Teefilter stecken und daraus „duftende Damen" basteln.

Herabgefallene Blätter von Rosenblüten kannst du trocknen und in die Teefilter stecken. Dort verströmen sie immer noch ihren Rosenduft.

In der Natur ist die Pfefferminze vor allem an Flüssen zu finden, sie wächst aber auch im Garten und im Kräutertopf. Die Blüten sind violett. Aus den getrockneten Laubblättern kann man Tee kochen, der gegen Bauchweh hilft.

Der Echte Lavendel ist immergrün, seine Blätter bleiben also das ganze Jahr über am Strauch. Schmetterlinge lieben die violetten Blüten. Motten mögen den Duft dagegen nicht leiden.

1 Teefilter auf eine Malunterlage legen, anmalen und trocknen lassen.

2 Wattekugel auf einen Zahnstocher stecken und bemalen.

3 Den bemalten Filter an der Öffnung auseinanderziehen und mit getrockneten Kräutern füllen.

4 Wattekugeln mit dem Zahnstocher in den Filter stecken, die Öffnung zusammendrücken und mit einem Filzstreifen zusammenbinden.

5 Unten an den Filter Schuhe aus Filz kleben.

6 Der duftenden Dame einen Blumenhut aufsetzen und mit einer Stecknadel fixieren.

Tipp

Die Blumenhüte halten sich meist nur einen Tag. Du kannst den Damen auch Haare aus Wolle ankleben, die halten sehr lange. Und wenn sie nicht gestorben sind, dann duften sie noch heute …

Holunderbeerenrabe

Im Spätsommer leuchten die violettschwarzen Holunderbeeren in den Sträuchern. Bei Vögeln sind sie sehr beliebt. Du kannst daraus Saft machen, Marmelade kochen ... oder einen Beerenraben basteln! Der sieht auch dann noch schön aus, wenn die Früchte vertrocknet sind. Beim Ernten und Basteln trägst du am besten Gummihandschuhe und alte Kleidung, der ein paar Flecken nichts ausmachen, denn der Holundersaft geht aus Jeans und T-Shirt nur schwer wieder heraus. Die Farbe ist so intensiv, dass du sogar damit malen kannst.

Die Früchte des Schwarzen Holunders sind eigentlich Steinfrüchte und keine richtigen Beeren. Sie verströmen wie die Blätter einen intensiven Duft.

Male die Umrisse des Raben mit Filzstift auf Pappe und schneide die Form aus.

Male den Körper mit schwarzer Farbe an und lass sie trocknen. Auf den Schnabel klebst du ein gelbes Stück Tonpapier.

3   Eine Rispe an der gestrichelten Linie abschneiden. So erhältst du einen Rabenfuß.

4 Lege den Rabenkörper auf einen glatten, mit Zeitungspapier bedeckten Untergrund.

5 Sprühe den Rabenkörper mit Kleber ein. Falls du keinen Sprühkleber hast, kannst du auch anderen Kleber auf der Fläche verteilen.

6 Beklebe den Rabenkörper mit Holunderbeeren.

7 Klebe eine gelbe Perle als Auge auf den Kopf. Vielleicht hast du auch noch eine schwarze Feder für den Schwanz?

8 Klebe zwei Füße (siehe Schritt 3) auf der Rückseite des Körpers fest.

9 Wenn du den Raben länger aufheben möchtest, kannst du ihn in einen bemalten Kartondeckel legen.

Ahornfruchtgetier

Ahornfrüchte findest du den ganzen Sommer über. Wenn du sie trocknest, werden sie zuerst braun und schließlich durchsichtig. Dann sehen sie aus wie Insektenflügel. Du kannst die Früchte aber auch frisch vom Baum gepflückt zum Basteln nutzen.

Es gibt viele Arten von Ahornbäumen. Ihre Früchte sehen aus wie kleine Propeller. Wenn du sie in die Luft wirfst, segeln sie kreiselnd wieder zu Boden.

Nasenreiter

Unten, an der dicksten Stelle der Ahornfrucht ist ein kleiner Schlitz, den du mit dem Fingernagel öffnen kannst. Ein erbsengroßer Samen kommt zum Vorschein. Wenn du ihn herausnimmst, kannst du dir die Ahornfrucht auf die Nase klemmen. Mach mit deinen Freunden ein Spiel daraus: Bei wem hält die Frucht am längsten?

Ahornigel

1   Für den Igel schneidest du aus Pappe einen Halbkreis aus, der auf einer Seite spitz zuläuft.

2   Klebe vier Pappstreifen auf der Rückseite des Körpers fest. Das sind die Beine.

3   Klebe nun Ahornfrüchte auf den Körper. Fange am äußeren Rand an und arbeite dich nach innen vor.

4   Male dem Igel ein Gesicht und klebe eine kleine Holzperle als Nase auf.

5   Schneide zwei Ohren aus Packpapier aus und klebe sie am Kopf fest.

Propeller-Libelle

Klebe eine Wattekugel auf einen kurzen Zweig und bemale beides. Besonders echt sieht es aus, wenn du dir im Bastelgeschäft ein paar Glitzerfarben besorgst, denn Libellen schillern meistens goldfarben, grün und blau. Klebe die Ahornfrüchte als Flügel unterhalb des Kopfes fest. Die Libelle bekommt noch zwei Perlen als Augen, die du auf die Wattekugel klebst oder steckst.

Diese Teile brauchst du für die Libelle.

Tipp

Hebe ein paar getrocknete Ahornfrüchte in einer Schachtel auf. Vielleicht brauchst du sie in einer anderen Jahreszeit, um Hasenohren oder Engelsflügel zu basteln.

Ferienfundstücke

Ob im Wald oder am Strand, an einem Bach oder im Park – manchmal findest du Dinge in der Natur, die dir durch ihr besonderes Aussehen eine Geschichte erzählen. Das kann ein Stück Borke oder auch Treibholz oder ein Stein sein. Begib dich auf Schatzsuche! Zu Hause kannst du diese schönen Dinge verändern und ihre Geschichten hervorlocken. So bleiben dir der Ort und die Zeit, die du mit diesem Fundstück verbindest, in Erinnerung. Viel Glück beim Suchen und Finden!

86

Schlange

Die vertrockneten Äste dieser Waldrebe sehen aus wie eine Schlange, die sich um einen Ast windet. Wenn du sie grün anmalst und einen Kopf aus Knete formst, wirkt sie täuschend echt!

Igel

Wenn im Wald Bäume gesägt wurden, liegen manchmal solche Holzreste auf dem Boden. Sammle die schönsten Stücke auf und trage sie nach Hause. Mit Beinen und Mund aus Papier sowie einer Nase aus Knete wird aus diesem Holzstück im Nu ein Igel.

Steine, Sand und Meer

Am Strand Steine und Muscheln zu sammeln macht Riesenspaß! Du kannst sie zu immer neuen Figuren legen, sie bemalen, mit Knete verzieren oder Sandbilder daraus zaubern.

Steinpralinen

Sammle kleine Steinfunde in einer leeren Pralinenschachtel. Aber Vorsicht: nicht hineinbeißen!

Muschelmädchen

Diese Strandnixe jongliert mit Perlen.

Schildkröte

Wal

Schnecke

Schmetterling

Steinobst

Sandfisch

Male mit Klebstoff einen Fisch auf ein Blatt Papier und streue großzügig Sand darüber. Überschüssigen Sand abschütteln – fertig!

Elefant am Strand

Was schwimmt denn da?

Steine gibt es natürlich nicht nur am Meer, aber du findest dort besonders viele schöne Exemplare. Überlege dir schon beim Sammeln, welche Steine, Muscheln und Schneckenhäuser toll zusammen aussehen und welche Figuren sie ergeben könnten. Du kannst daraus Fische oder auch einen großen Steinkraken basteln.

Wassertiere

Hast du die passenden Steine beisammen? Dann male sie auf einer Malunterlage an. Der Krake hat Fangarme aus Bindfäden, an die du kleinere Steine klebst oder knotest. Male eine Wasserlandschaft auf Pappe und klebe deine Meeresbewohner darauf.

Farnfische

Die Blätter des Echten Wurmfarns werden Wedel genannt. Sie sehen aus wie Skelette von Fischen. Wenn du sie vor einem weißen Tuch bewegst und mit einer Taschenlampe anleuchtest, entstehen geheimnisvolle Schattenspiele. Du kannst mit den Blättern aber auch drucken und tolle Bilder herstellen.

Farne gehören zu den ältesten Pflanzen der Welt. Der Echte Wurmfarn ist in unseren Breiten die häufigste Art.

Weißer Hai

1 Lege einen Farnwedel auf einen Maluntergrund und bestreiche ihn mit weißer Farbe.

2 Nimm ihn von der Unterlage, dreh ihn um und drücke ihn fest auf einen Untergrund deiner Wahl. Das kann zum Beispiel farbiger Tonkarton oder ein bemaltes Blatt aus dem Zeichenblock sein.

3 Ziehe den Wedel vorsichtig wieder ab und lass den Druck trocknen.

4 Schneide Kopf und Schwanzflosse aus weißem Papier aus und klebe sie an den Hai.

Farn wächst an schattigen, feuchten Plätzen. Im Wald fühlt er sich wohl.

Blauer Fisch

Lege einen Farnwedel auf einen blauen Untergrund und sprühe großzügig weiße Farbe aus der Spraydose darüber. Ziehe den Wedel vorsichtig ab. Das so entstandene Bild erinnert ein wenig an alte Höhlenmalereien. Schneide Kopf und Schwanzflosse aus blauem Papier aus und klebe sie an den Fisch.

Herbst

Der Herbst ist schön! Die Blätter werden bunt, der Wind fegt durch das Laub, Kastanien und Eicheln kullern auf den Boden. Im Wald duftet es nach Moos und Pilzen. Rote Hagebutten leuchten an den Sträuchern. Kürbisse, Äpfel, Birnen, Kartoffeln und Mais können geerntet werden. Schau mal auf den nächsten Seiten nach, was du alles mit diesen Herbstschätzen machen kannst!

In dieser Jahreszeit findest du ...

Äpfel

Kastanien

Eicheln

96

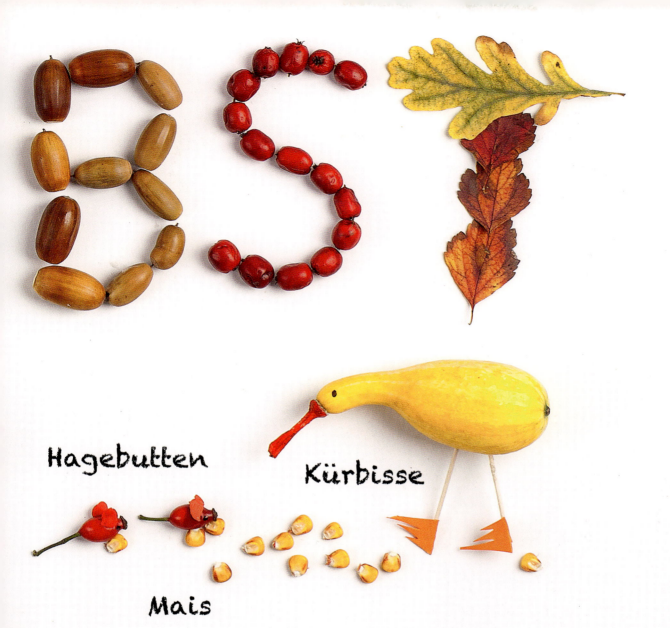

Hagebutten

Kürbisse

Mais

bunte Blätter

... und noch vieles mehr!

Kastanienbande

Rosskastanienblätter sehen aus wie die Hände von Riesen! Und die reifen Samen glänzen so schön, dass man sie einfach vom Boden aufsammeln muss. Wenn sie ganz frisch aus ihren stacheligen Hüllen gefallen sind, kannst du am besten damit basteln. Um Zahnstocher oder Streichhölzer in die Kastanien stecken zu können, solltest du die Löcher mit einem kleinen Holzbohrer vorbohren. Aber pass auf deine Finger auf!

Bestimmt kennst du die stacheligen Fruchtkapseln, in denen die Samen der Rosskastanie stecken.

Kastanienzwerge

Für den großen Zwerg brauchst du zwei größere Kastanien als Kopf und Bauch und zwei kleinere als Füße.

1. Stecke Kopf und Bauch mit einem Stück Zahnstocher zusammen. Male ein Gesicht auf die weiße Fläche der oberen Kastanie und klebe eine Nase aus Knete fest.

2. Rings um den Kopf einen roten Papierstreifen kleben und oben zu einer Zipfelmütze drehen.

3. Streichhölzer als Arme und Beine in den Bauch stecken. An ihnen befestigst du Hände aus Knete und Füße aus kleinen Kastanien.

Und so bastelst du den Kinderwagen: Drücke etwas Knete in eine halbe Fruchtkapsel und stecke eine kleine Kastanie als Kopf hinein. Aus dem Wagen können zwei Streichholzarme herauswinken. In die Mitte von vier „Eichelhütchen" (das sind die Fruchtbecher der Eichel, siehe Seite 102) bohrst du mit dem Holzbohrer Löcher und befestigst sie mit kurzen Streichholzstückchen als Räder am Wagen.

Holzbohrer

Hase und Igel

Für den Hasen zwei Kastanien mit einem Stück Zahnstocher zusammenstecken. Augen und Nase aus Knete aufkleben und den Mund mit einem Filzstift aufmalen. Mit Zahnstocherstückchen zwei Eicheln als Ohren auf den Hasenkopf stecken.

Der Igel besteht aus einer halben Fruchtkapsel, an der du Streichholzbeine festklebst. Nase und Augen sind aus Knete.

Indianer

Der Indianer ist aus vier Kastanien zusammengesteckt. Augen und Nase sind aufgemalt, den Mund bastelst du aus einem Stück Filz. Unterhalb des Mundes bohrst du ein kleines Loch, in das du eine „Eichelpfeife" (das ist der Fruchtbecher einer Eichel mit Stielansatz) hineinstecken kannst. Der Indianer trägt stachelige Mokassins sowie einen Gürtel und ein Stirnband aus Filzstreifen. Eine Feder darf natürlich auch nicht fehlen!

Ritter

Der Ritterkopf besteht aus einer Kastanie, die noch in der Fruchtkapsel steckt – das ist der ideale Helm! Augen, Mund und Hände sind aus Knete. Den Schild schneidest du aus Papier aus und klebst ihn in eine Hand des Ritters. In die andere Hand kommt ein Zahnstocher-Speer. Die Beine steckst du in zwei Schuhe aus Eichelfruchtbechern.

Kastanienkatze und Co

Kastanien sind unglaublich wandlungsfähig! Mit Filz, Federn, Watte, Streichhölzern oder Schnur kannst du die verschiedensten Tiere und Figuren basteln. Fang einfach an und lass dich überraschen, welche Wunderwesen entstehen!

Rauchender Waldschrat

Stecke diesen lustigen Waldbewohner wie im Bild zusammen. Ein Eichelhütchen mit besonders langem Stiel dient als Pfeife, die Nase ist aus Knete. Bohre rings um das Gesicht ein paar Löcher und stecke kleine Zweige als Haare hinein. Der Waldschrat trägt Handschuhe und einen Schal aus Filz. Die Rauchwölkchen sind aus Watte.

Hampelmann

Für dieses bewegliche Männchen brauchst du fünf Kastanien, durch die du Löcher bohrst. Dann ziehst du einen ca. 40 Zentimeter langen Bindfaden so auf eine Stopfnadel, dass du einen doppelten Faden mit ca. 20 Zentimetern Länge erhältst. Damit fädelst du drei Kastanien auf und machst über der oberen und unter der unteren jeweils einen Knoten. Unten lässt du zwei längere Fadenenden heraushängen, auf die du je einen Kastanienfuß fädelst. Mach unter jeden Fuß einen Knoten, damit die Kastanien nicht herunterrutschen können.

Nachteulen

Für die linke Eule zwei Kapselhälften wie im Bild zusammenstecken. Augen und Krallen sind aus Knete, und die Eule bekommt noch Flügel aus Federn.

Augen, Ohren, Schnabel und Mund der zweiten Eule sind aus Filz. Die Flügel bestehen aus Kapselstückchen, die Füße aus Eicheln.

Miau!

Ohren, Schwanz und Halsband der Kastanienkatze sind aus Filz. Als Pfoten klebst du zwei Eichelhütchen an der unteren Kastanie fest. Schnurrhaare nicht vergessen!

Riesenraupe

Für die Raupe kannst du so viele Kastanien zusammenstecken, wie du magst! Vielleicht wird sie so lang wie deine ganze Fensterbank? Zum Schluss Fühler und Füße aus Streichhölzern in vorgebohrte Löcher stecken und Augen, Mund und Zunge aus Filz ankleben.

Eichelmäuschen

Mit Ohren aus Filz und Schwänzen aus Wolle kannst du Eicheln im Nu in kleine Mäuse verwandeln.

Allerlei Eicheln

Eichen sind große und starke Bäume. Sie können über 1000 Jahre alt werden! Manche Tiere wie der Eichelhäher oder das Eichhörnchen tragen das Wort Eiche in ihrem Namen. Im Herbst sammeln Eichhörnchen die Früchte der Bäume als Nahrungsvorrat für den Winter. Auch du kannst Eicheln sammeln und sie mit nach Hause nehmen – als Bastelvorrat!

Im Herbst werden die Früchte der Stiel-Eiche reif und fallen vom Baum. Sie haben kleine „Hütchen" auf, das sind ihre Fruchtbecher.

Eichelspaziergang

Für das Herrchen (links) zwei Eicheln mit einem halben Zahnstocher zusammenstecken. Fruchtbecher als Hut auf dem Kopf festkleben und als Füße an die Streichholzbeine stecken. Dann kann der Spaziergang losgehen!

Den Hund steckst du wie im Bild zusammen. Ohren und Schwanz aus Filz ankleben und die Leine nicht vergessen!

Der Vogel braucht schöne Schwanzfedern. Dafür ein Loch in den Vogelkörper bohren und die Federkiele hineinstecken.

Das Eichelbaby schläft vom Häschen gut bewacht in einer Streichholzschachtel. Es hat eine Mütze aus Knete auf und wird mit einem Stück Filz zugedeckt.

Die langen Ohren des Hasen und auch seine Füße sind aus Knete. Der Schwanz ist aus Watte.

Die sieben Zwerge

Du brauchst sieben Eicheln mit und sieben Eicheln ohne Fruchtbecher. Nimm die Hütchen ab und male sie mit roter Farbe an. Während die Farbe trocknet, steckst du immer zwei Eicheln zusammen, malst die Gesichter auf und klebst ihnen Bärte aus Watte an. Dann die roten Hüte aufkleben und jeden Zwerg in einem Stück Knete aufstellen.

Du kannst den Zwergen auch ein Tischlein decken! Male dafür eine Tischdecke mit sieben kleinen Löffeln auf Papier. Neben jeden Löffel klebst du einen Fruchtbecher als Suppenteller.

Tipp

Eicheln lassen sich leichter zusammenstecken als Kastanien. Sollte es doch einmal mühsam sein, dann nimm auch hierfür einen kleinen Holzbohrer zu Hilfe!

Die ganze Welt aus Eicheln

Ob Giraffen in Afrika oder der Weihnachtsmann am Nordpol – aus Eicheln kannst du dir eine ganze Welt zum Spielen basteln. Bestimmt fallen dir noch viel mehr Figuren ein!

Mäh!

Für den Kopf zwei Ohren aus Filz unter einen Fruchtbecher kleben. Dann das Schaf wie im Bild zusammenstecken.

Monster

Das Monster besteht aus zehn Eicheln, die du wie im Bild zusammensteckst. Die zotteligen Haare sind aus Wolle, das Gesicht und die Krallen aus Papier. Befestige beides mit Klebstoff.

Furchtloser Ritter

Zwei Fruchtbecher und eine Eichel silberfarben anmalen. Die beiden Becher zu einem Helm zusammenkleben und mit einem Zahnstocher am Eichelkörper feststecken. Feder an den Helm kleben und einen Speer in die Hand aus Knete drücken.

Am Nordpol

Für den Weihnachtsmann eine Eichel und einen Fruchtbecher rot anmalen und wie im Bild zu sehen mit einer weiteren Eichel (das ist der Kopf) zusammenstecken. Wattebart, Filzhandschuhe und Stiefel aus Knete ankleben.

Das Rentier hat eine rote Nase aus Knete und ein Geweih aus kleinen Zweigen, die du in vorgebohrte Löcher steckst.

Giraffe unter Palmen

Die Giraffe besteht aus drei Eicheln für Hals und Kopf und einem Kastanienbauch. Male alles – auch die Zahnstocher für die Beine – orangefarben an. Wenn die Farbe getrocknet ist, kannst du die braunen Flecken mit Filzstift aufmalen und den Schwanz ankleben. Damit die Giraffe gut steht, braucht sie noch vier Fruchtbecher als Füße.

Den Stamm der Palme klebst du aus ganz vielen Fruchtbechern zusammen. Die Baumkrone ist aus Eichenblättern.

Männlein im Walde

Wenn du im herbstlichen Wald oder Park spazieren gehst, leuchten dir von den Sträuchern der Hecken-Rose Hunderte rote Früchte entgegen: die Hagebutten. Vielleicht kennst du auch das Lied „Ein Männlein steht im Walde", das von der Hagebutte handelt, oder das Märchen von Dornröschen, in dem eine undurchdringliche Mauer aus Hecken-Rosen wächst?

Im Inneren dieser Frucht sitzen viele kleine haarige Nüsschen, die ganz schön jucken, wenn sie mit der Haut in Berührung kommen. Aus den getrockneten Schalen der Hagebutte kann man Tee kochen.

Glückskäfer-Memo

In die Mitte der schwarzen Käferbeine (siehe Kasten rechts unten) klebst du je eine Hagebutte. Mit einem Filzstift malst du auf jeden Käfer einen Strich und Punkte.

Zum Spielen bemalst du jeweils zwei Käfer mit Punkten von 1 bis 6. Jede Punktzahl kommt also doppelt vor. Dann legst du die Käfer gut gemischt unter ein Tuch. Jetzt dürfen du und ein Mitspieler abwechselnd immer zwei Käfer unter dem Tuch hervorholen. Aber nicht unter das Tuch schielen! Hast du ein Paar zusammen? Dann kannst du es bei dir ablegen. Passen die Käfer nicht zusammen, legst du sie wieder unter das Tuch.
Wer hat am Ende die meisten Paare?

Zum Singen

Ein Männlein steht im Walde ganz still und stumm,
Es hat von lauter Purpur ein Mäntlein um.
Sagt, wer mag das Männlein sein,
Das da steht im Wald allein,
Mit dem purpurroten Mäntelein?

Die passende Kulisse für dieses schöne Lied bekommst du, indem du aus grünem Papier Tannen ausschneidest und sie auf Stämme und einen Waldboden aus Pappe klebst. Bemale eine Hagebutte als Männlein und stecke es mit einem Zahnstocher auf die Pappe.

Hagebuttenherz

Für dieses Herz brauchst du etwa 20 Hagebutten und 60 Zentimeter Blumendraht. Du kannst es aber auch größer machen.

1. Hagebutten mit einem kleinen Holzbohrer durchbohren und auf Blumendraht fädeln.

2. Herz formen, Draht verzwirbeln und zum Aufhängen oder Verschenken oben ein Band befestigen.

Für einen Käfer zeichnest du einen Bauch mit sechs Käferbeinen auf schwarzen Karton und schneidest die Form aus.

Moosmonster

Bist du schon einmal barfuß über ein Moospolster gelaufen? Das fühlt sich toll an! Moose haben sehr unterschiedliche Oberflächen, mal glatt, mal flauschig – und mal kitzeln sie unter den Füßen!

Es macht Spaß, nach verschiedenen Moosen Ausschau zu halten und sie zu sammeln. Beachte aber, dass manche Arten unter Naturschutz stehen! Zu Hause kannst du auf einem glatten Untergrund, am besten Pappe, Figuren aus Moos legen und sie mit anderen Materialien verzieren.

Moose bilden oft dicke Polster. Sie wachsen an feuchten, schattigen Stellen im Wald und auch im Garten.

Das große Moosmonster hat ein Maul aus Hagebutten (siehe Seite 106) und Hörner und Ohren aus Farn (siehe Seite 92). Die Zähne kannst du aus Papier ausschneiden, die gelben Augen sind aus Knete.

Mit einem Küchenmesser kannst du das Moos von Steinen kratzen und auf einer Unterlage sammeln.

Tipp

Damit deine Moosmonster länger halten und nicht vertrocknen, besprühe sie ab und zu mit Wasser.

Filzfliegenpilz

Einen Fliegenpilz erkennst du an dem roten Hut mit den weißen Punkten, der auf einem weißen Stiel sitzt.

Der Fliegenpilz ist ein Glückssymbol, ein echter „Glückspilz" eben. Wenn du diese wunderschönen Pilze bei einem herbstlichen Waldspaziergang entdeckst, kannst du sie fotografieren, aber darfst sie auf keinen Fall anfassen oder gar pflücken, denn Fliegenpilze sind sehr giftig. Trotzdem kannst du dir diesen Glücksbringer nach Hause holen: Näh dir einen Fliegenpilz aus Filz! Das ist wirklich ganz einfach. Für den Stiel bringst du dir einen Birkenzweig aus dem Wald mit.

Einen Kreis von ca. 20 Zentimetern Durchmesser auf bunten Filz zeichnen.

Dreiviertelkreis ausschneiden.

Die Kanten so zusammennähen, dass ein Hut entsteht.

Einen weiteren Kreis von 15 Zentimetern Durchmesser ausschneiden. Die Mitte an den gepunkteten Linien einschneiden.

Den Hut mit Watte füllen. Hut und Unterteil an den Kanten zusammennähen.

Birkenzweig als Stiel in die Mitte stecken und mit Klebstoff fixieren.

Wenn du ganz schnell einen Glücksbringer brauchst, kannst du den Hut einfach aus Knete formen und auf den Zweig stecken.

7 Zum Schluss Punkte aus weißer Watte auf den Pilz kleben.

Und hier noch ein Fliegenpilz, den du essen darfst: Eine rote Apfelhälfte auf das Holz stecken, mit dem Messer ein paar Punkte einritzen und den Apfel direkt vom Stiel essen. Das Holz vorher gut abwaschen!

Blätter für die Ewigkeit

Wenn du die Blattformen auf buntes Papier überträgst und ausschneidest, bekommst du Blätter, die niemals welken! Klebe deine Lieblingsblätter auf ein großes Blatt Papier – das ist ein schönes Geschenk für jemanden, den du magst. Du kannst auch einfarbiges Geschenkpapier damit verzieren.

Tipp

Wie du frische Blätter presst, steht auf Seite 9. Dabei kann es vorkommen, dass die Blätter schimmeln. Um das zu vermeiden, wechsle das Zeitungspapier einmal täglich aus.

Schau gleich einmal auf der nächsten Seite nach, was du mit gepressten Blättern Tolles basteln kannst.

Beim Blattkünstler

Wenn du viele schöne Blätter gesammelt und gepresst hast (siehe Seiten 9 und 113), kannst du tolle Sachen damit machen: Du kannst sie aufkleben, in Form schneiden und auch bemalen.

Blätterfisch

Male den Rand eines Papptellers so an, dass er einen Rahmen bildet (hier: dunkelblau). Ist die Farbe getrocknet, kannst du die Blätter aufkleben.

Käfersammlung

Bemale unterschiedliche Blätter mit verschiedenen Mustern. Wenn die Farbe getrocknet ist, klebst du die Käfer auf ein Blatt Papier und malst mit einem Filzstift Beine an die Körper.

Lieblinge aus Laub

Für die Basteleien auf dieser Seite kannst du frisches Laub verwenden. Die Blätter werden zwar nach einer Weile trocken, ergeben dann aber wie von Zauberhand ganz neue Formen und sind immer noch schön.

Die Blätter von Kirschbäumen leuchten im Herbst in den herrlichsten Gelb- und Rottönen.

Igel im Winterschlaf

Den Igelkörper beklebst du mit trockenen Kletten (siehe Seite 60). Eine rote Perle als Nase sowie Füße und Mund aus Filz ankleben und die Augen mit Filzstift aufmalen.

Igel schlafen den Winter über meist unter einer dicken Decke aus Laub. Das ist bestimmt sehr gemütlich! Die Laubhöhle bastelst du auf einem großen Stück Karton oder noch besser in einem Kartondeckel. Lege den Igel auf ein Bett aus Filzstücken und schichte das Laub darüber auf.

Die Teile für den Igel aus Filz ausschneiden und zusammenkleben.

Eine Holzwäscheklammer bunt anmalen und in den Schlitz zwei schöne Blätter als Flügel kleben – fertig ist der Blätterling!

Tänzerin

1. Den Oberkörper der Tänzerin aus einem Pfeifenreiniger biegen und die Enden als Arme seitlich abstehen lassen (siehe Kasten oben).

2. Den Blätterrock (siehe Kasten rechts) um den Körper wickeln und die Enden des Blumendrahts verknoten.

3. Wollfäden um die Drahtenden wickeln und verknoten.

4. Hände und Gesicht aus Filz sowie Wollhaare ankleben.

5. Zwei Beine aus Pfeifenreinigern von unten in den Rock stecken.

Für den Rock ganz viele Blätter auf ein Stück Blumendraht fädeln.

6. An die Enden der Pfeifenreiniger Hagebutten oder Perlen stecken – das sind die Tanzschuhe!

Gruselgirlande

Wenn Blätter trocknen, rollen sie sich oft zusammen. Im Herbst liegen diese toll geformten Blätter auf der Erde und du kannst sie sammeln – wenn sie niemand weggefegt hat. Um damit basteln zu können, müssen sie ganz trocken sein. Dann behält dein Kunstwerk ganz lange seine Form.

Welches Geheimnis steckt wohl in diesen Blättern? Eigentlich sind es Vampirfledermäuse! Sie wickeln sich in ihre Flügel wie in einen langen Umhang. Kannst du sie auch sehen? Oder macht deine Fantasie etwas ganz anderes daraus?

1 Um die Fledermäuse hervorzulocken, bemale die Blätter außen mit schwarzer Farbe. Mit einem kleinen Pinsel geht das auch von innen: Blutrot sieht besonders gruselig aus!

2 Ist die Farbe getrocknet, schneidest du aus Filz Fledermausköpfe aus und klebst sie an die Blätter. Augen und Mund ebenfalls aus Filz ausschneiden und an die Köpfe kleben.

3 Kleine Wäscheklammern als Krallen anmalen und in die Blätter kleben. Ist der Klebstoff getrocknet, kannst du die Fledermäuse kopfüber an eine Schnur hängen.

Diese Fledermaus ist von innen mit zusammengeknülltem blauem Seidenpapier beklebt.

Tipp

Wenn du die Blätter mit deinen Freunden sammelst und bemalst, könnt ihr in kurzer Zeit ganz viele Fledermäuse für eine Endlos-Gruselgirlande basteln.

Anstelle der Klammern hat dieses Exemplar Krallen aus Filz.

Kürbisköpfe

Herbst ist Kürbiszeit! Du kannst diese Früchte auf verschiedene Arten aushöhlen und Laternen daraus schnitzen. Aus dem Fruchtfleisch lassen sich Suppen kochen, die Kerne sind getrocknet und geröstet eine leckere Knabberei. Die Kästen unten zeigen dir die einfachste Art, einen Kürbis auszuhöhlen. Lass dir dabei trotzdem von einem Erwachsenen helfen!

Kürbis ist ein schnell wachsendes Gemüse. Im Frühjahr wird er in Gärten und auf Feldern gesät.

Kürbisse gibt es in vielen Farben, Formen und Größen.

1 Kürbisse lassen sich am besten mit einem Brotmesser durchschneiden.

2 Kerne herauslöffeln.

3 Mit einem Löffel das Fruchtfleisch herauskratzen, sodass nur ein dünner Rand stehen bleibt.

4 Mit einem spitzen Messer Grimassen in die Kürbishälften schneiden.

5 Kerne zum Trocknen ausbreiten.

Zierkürbisse haben oft witzige Formen. Wegen der Bitterstoffe darf man sie nicht essen!

Komischer Vogel

In diesem Kürbis* steckt ein Vogel! Einfach Beine aus kleinen Holzstäbchen in den Körper stecken, Füße aus Papier ankleben und den Stielansatz rot anmalen, das ist der Schnabel.

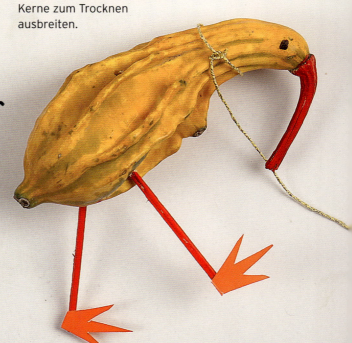

Auch der Deckel kann zum Gesicht werden. Hier ist der Stielansatz die Nase.

Aus großen Kürbissen kannst du eine Laterne machen. Schneide einen Deckel ab, höhle den Kürbis aus und schnitze ihm ein Gesicht. Stell ein Teelicht hinein und setze zum Schluss den Deckel wieder auf.

Kürbiskind

Für diese lustige Figur einfach Körper und Kopf aus Knete formen und auf den Stielansatz eines Hokkaidokürbisses setzen. Haare aus Wolle ankleben – fertig!

Kürbishut

Einer Papprolle ein Gesicht aufmalen und aus Papier ein Kleid ankleben. Dann einen Zierkürbis als Hut aufkleben und anmalen. Hallo, Reisender aus dem Morgenland!

Kürbiskobold

Der kleine Kürbiskobold hat Füße aus Knete und ein aufgemaltes Gesicht.

Lichterfest im Hexenwald

Im Inneren der Lampionblume sitzt eine kleine, nicht essbare Beere. Die orangefarbenen Hüllen eignen sich gut zum Basteln.

Alles leuchtet: die orangefarbenen Kürbisse, die Lampionblumen und das Haar der Hexe. Möchtest du auch ein Lichterfest feiern? Vielleicht findest du draußen im Garten ein schönes Plätzchen dafür. Oder du nimmst dir eine große Obstkiste, die du von innen bemalst oder beklebst. Dort hinein stellst du ein paar Zweige als Bäume und dazwischen die Kürbisse und die Hexe. Die Lampionblumen sind auf eine Lichterkette gesteckt. Wenn du die Kette einschaltest, leuchten sie wunderschön.

Hexe

Für die Hexe brauchst du einen Zierkürbis mit einer „Nase". Stecke ihn mit einem langen Zahnstocher in einen Hokkaidokürbis, sodass die Nase nach vorne schaut. Dann male zwei lange Zahnstocher schwarz an und stecke sie als Arme in den unteren Kürbis. Die Katze und den Raben schneidest du aus Tonpapier aus und klebst sie auf die Arme. Die Haare sind aus Wolle. Du kannst der Hexe noch ein Kopftuch aus einem Stück Stoff umbinden.

So steckst du den Zierkürbis und den Hokkaidokürbis zusammen.

Ach, wie gut, dass niemand weiß ...

Auf dem Waldboden findest du Stöcke und Zweige in verschiedenen Größen. Halte beim nächsten Waldspaziergang danach Ausschau! Um dir ein Minilagerfeuer zu basteln, brauchst du außerdem noch Blätter in Gelb- und Rottönen sowie etwas Moos.

Lagerfeuer

2 Stelle das Glas auf einen festen Untergrund. Rundherum schichtest du kleine Zweige und verteilst Moos – das ist der Waldboden. Binde drei längere Stöcke wie unten zu sehen mit einem Bindfaden zusammen und stelle sie über dem Glas auf. Wenn du in der Dämmerung eine Kerze oder ein Teelicht in das Glas stellst, leuchtet dein Minilagerfeuer wunderschön!

1 Klebe die Blätter um ein leeres Glas und fixiere sie unten mit Klebestreifen.

Rumpelstilzchen

Wenn du den Körper zusammengebunden hast (siehe Kasten unten), kannst du Rumpelstilzchen noch mit Blättern und einem Bart aus Moos schmücken. Unten an die Beine drückst du Knete, dann kann es am Lagerfeuer stehen.

Jetzt kannst du das Märchen von Rumpelstilzchen nachspielen!

Aus diesen Teilen besteht Rumpelstilzchen. Binde sie mit einer Schnur zusammen und verknote die Enden gut. Einen Streifen Krepppapier oben an den Kopf kleben und zu einer Zipfelmütze binden.

Maismajestäten

Diese goldenen Könige bestehen aus Maiskolben, an denen sich noch die Hüllblätter befinden. Du kannst sie wie in den Kästen unten zu sehen nach oben biegen und zu einem Schopf zusammenbinden. Wenn du einige Blätter unten lässt, bilden sie einen Umhang. Maisblätter lassen sich gut bemalen, schneiden und auch bekleben.

So sieht Mais auf dem Feld aus. Aus den Hüllblättern ragen oft noch braune „Haare" heraus, die man Griffel nennt.

1. Wenn der Mais frisch ist, kannst du die Blätter ganz leicht nach oben biegen.

2. Das sieht dann so aus.

Bei diesem König sind die äußeren Blätter hochgebunden, in Form geschnitten und als Gesicht und Haare angemalt. Wickle ein dünnes, bemaltes Blatt als Stirnband um den Kopf und fixiere es mit Stecknadeln. Der Kragen ist aus Watte, die Schuhe sind aus Knete.

Für die Prinzessin die äußeren Blätter hochbinden und kurz abschneiden – so ragt der Stiel des Maiskolbens noch heraus und du kannst ihn als Hut bemalen. Schneide aus einem weiteren Blatt einen Streifen zurecht und wickle ihn um den Stiel, darauf malst du das Gesicht. Du kannst noch ein Stirnband und Haare ankleben.

Die Königin trägt einen Schleier. Dafür zupfst du zwei Blätter ab und bindest oder klebst sie oben an den Stielansatz.

Kunstwerke aus Mais

Kurz vor der Ernte, wenn der Mais ganz hoch steht, ist die beste Zeit, um ein paar Kolben und Blätter von einem Feld mit nach Hause zu nehmen. Du solltest aber vorher den Bauern, der das Feld bewirtschaftet, fragen, ob du das auch darfst!

Die hellen Blätter werden manchmal gräulich, wenn sie lange Wind und Wetter ausgesetzt waren. Du kannst sie in einer Schüssel mit Seifenwasser waschen und abbürsten. Zum Trocknen legst du sie zwischen einige Lagen Zeitungspapier. So werden sie auch schön glatt. Die getrockneten Blätter kannst du in Form schneiden und Bilder damit kleben.

Mais ist eine uralte Kulturpflanze und wird seit fast 7000 Jahren angebaut. Die Pflanzen werden etwa 2 Meter hoch, haben einen dicken Halm und lange, breite Blätter. Oben bilden sich Rispen, die sich ebenfalls toll zum Basteln eignen.

Im Herbst werden die Maiskolben reif. Unter den Blättern siehst du die gelben Körner, die in dichten Reihen stehen.

Maisschilde

Schneide kleine Quadrate oder Kreise aus Tonkarton aus und beklebe sie mit Mustern aus Blätterstreifen und Maiskörnern.

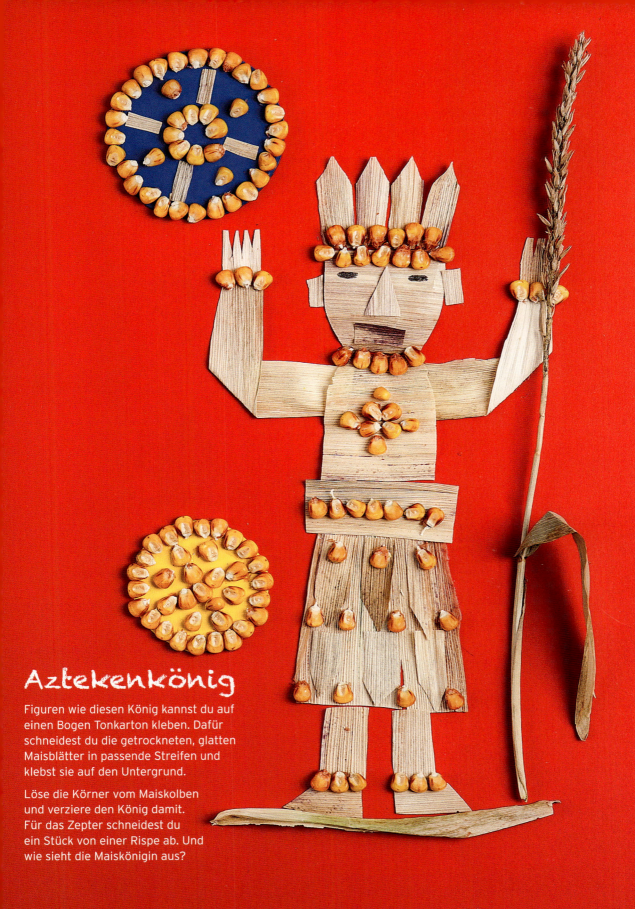

Aztekenkönig

Figuren wie diesen König kannst du auf einen Bogen Tonkarton kleben. Dafür schneidest du die getrockneten, glatten Maisblätter in passende Streifen und klebst sie auf den Untergrund.

Löse die Körner vom Maiskolben und verziere den König damit. Für das Zepter schneidest du ein Stück von einer Rispe ab. Und wie sieht die Maiskönigin aus?

Kreativ mit Kartoffeln

Kartoffeln sind die unterirdischen Knollen von Kartoffelpflanzen, die je nach Sorte über 1 Meter hoch werden können. Im Frühjahr blühen diese Nutzpflanzen und bilden danach giftige, grüne Beeren.

Im Herbst sind die oberirdischen Teile der Kartoffelpflanze braun und trocken. Dann werden die Kartoffelknollen mit großen Maschinen geerntet. Dabei werden nicht alle erfasst, viele bleiben auf dem Acker liegen. Diese Kartoffeln darfst du sammeln. Rohe Kartoffeln eignen sich prima zum Basteln und auch zum Stempeln.

1 Kartoffel in der Mitte durchschneiden. Ein Motiv aufmalen und die Form wie im Bild zu sehen ausschneiden.

2 Die hervorstehende Stempelform mit Farbe bepinseln und damit auf ein Blatt Papier drucken.

Diese Kartoffel ist ausgekeimt. Mit einem großen aufgemalten Maul sieht sie aus wie ein Monster mit einer gruseligen Nase!

Drucke mit deinen Kartoffelstempeln auf Seidenpapier und schon hast du ein tolles Geschenkpapier selbst gemacht.

Giraffe

Ein langes Holzstäbchen und vier Zahnstocher in eine Kartoffel stecken. Eine Erdnuss auf den Hals setzen und mit zwei Hörnern aus abgebrochenen Streichhölzern versehen. Die Giraffe zuerst orangefarben anmalen, dann mit einem Filzstift Flecken hinzufügen. Vier kleine Kartoffelstückchen als Füße an die Zahnstocher stecken. Den Schwanz kannst du mit einer Stecknadel befestigen.

Welche Tiere gehören noch in deinen Kartoffelzoo?

Für einen Kartoffelkäfer Streifen und Gesicht auf eine Kartoffelhälfte malen und Beine aus Tonkarton seitlich in die Kartoffel stecken.

Rasender Hase

An eine längliche Kartoffel mit Zahnstochern vier Kartoffelscheiben stecken und rot anmalen. Ein halbrundes Kartoffelstück mit einem Zahnstocher als Windschutzscheibe feststecken – fertig ist das Kartoffelauto! Und der Fahrer? Einfach ein Hasengesicht auf eine kleine Wattekugel malen, Filzohren ankleben und mit einem Zahnstocher in die Kartoffel stecken.

Alles Apfel oder was?

Äpfel sind leckere Verwandlungskünstler: Man kann aus ihnen Saft, Gelee oder Mus machen, man kann sie trocknen und natürlich auch einfach roh essen. Das ist dir zu langweilig? Dann probier es doch mal mit „wilden Apfelkerlen", zum Beispiel bei der nächsten Geburtstagsfeier: Jeder bastelt einen Apfelkerl. Der schönste oder lustigste wird prämiert – und danach werden alle verspeist!

Äpfel bleiben lange frisch und können gut gelagert werden. Wenn sie nicht gepflückt werden, sondern einfach so vom Baum fallen, nennt man sie Fallobst. Diese Äpfel kannst du sammeln und mit nach Hause nehmen.

Mandelstifte eignen sich als Zähne oder Haare für die wilden Apfelkerle. Für die Augen kannst du Rosinen verwenden. Drücke sie einfach in die geschnitzten Augenhöhlen.

Wilde Apfelkerle

Mehrere Äpfel kannst du mit Zahnstochern zusammenstecken. Schneide mit dem Messer einen Mund und Augenhöhlen in den Kopf.

Birnen sind ebenfalls gut für diese Bastelei geeignet. Wie wäre es also zur Abwechslung mal mit ein paar Birnenbuben?

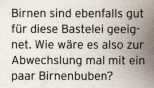

1

Aus einem Apfel ein Viertel herausschneiden.

2

Aus diesem Viertel ein weiteres Viertel herausschneiden, sodass ein Mund entsteht. Für die Zähne kannst du Mandelstifte verwenden.

Vampirzähne

Dieses Gebiss kannst du dir ohne Bedenken in den Mund stecken – und wenn du dann erfolgreich jemanden erschreckt hast, isst du es einfach auf!

Oder du bastelst einen Vampirkopf aus weißem Karton und klebst den Apfelmund darauf. So bekommst du eine super Deko für deine Halloweenparty!

Tipp

Damit die angeschnittenen Äpfel nicht braun werden, kannst du sie mit Zitronensaft beträufeln.

133

Winter

Der Winter ist schön! Die Luft ist frostig, die kahlen Äste der Bäume knacken im Wind und die Vögel plustern sich auf wie Wattebäuschchen. Es wird früh dunkel und bald fallen die ersten Schneeflocken vom Himmel. Aber zu Hause hast du es warm und kuschelig und es duftet nach Orangen. Im Winter gibt es Nüsse, Tannenzapfen, trockene Gräser und vieles mehr. Schau mal auf den nächsten Seiten nach, was du mit diesen Winterschätzen alles basteln kannst!

In dieser Jahreszeit findest du ...

Nüsse

Orangen

Tannenzweige

vertrocknete Fruchtstände

Äste

Zapfen

... und noch vieles mehr!

Von drauß' vom Walde ...

Fichten, Tannen und Kiefern gehören zu den Nadelbäumen. Sie alle haben Zapfen, die unterschiedlich geformt sind. Damit kannst du wunderbar basteln. Aber auch die nadeligen Zweige eignen sich dafür, obwohl sie etwas piksen. Die Zapfen von Fichten hängen nach unten. Bei den Tannen stehen sie eher aufrecht, und Kiefern haben kugelige Zapfen. Die Nadeln von Kiefern sind lang und weich.

Zapfen findest du auf der Erde unter Nadelbäumen. Von dort kannst du sie aufsammeln. Hier siehst du die Zapfen einer Gemeinen Fichte.

Wichtel und Weihnachtshase

Die Köpfe für den Hasen und den Wichtel auf Pappe zeichnen.

Mit dem Cutter ausschneiden.

Der Wichtel bekommt noch einen trapezförmigen Körper.

4 Dem Hasen Augen und Mund aufmalen und einen kleinen Zapfen als Nase aufkleben. Barthaare aus trockenen Grashalmen ankleben. Für die Ohren Zahnstocher zur Hälfte von unten in die Zapfen bohren und dann in die Pappe stecken.

5 Dem Wichtel eine Mütze aus Filz ausschneiden und auf den Kopf kleben. Gesicht aufmalen und einen kleinen Zapfen als Nase aufkleben.

6 Rings um das Gesicht Tannenzweige in die Pappe stecken.

7 Den Körper mit Filz bekleben und dann mit Klebstoff hinter dem Kopf fixieren.

Tannenzweige kannst du auch als Haare verwenden.

Tipp

Wenn du den Wichtel aufhängen möchtest, kannst du mit einer Stopfnadel einen Faden durch die Mütze ziehen.

Zauberhafte Zapfen

Bei Feuchtigkeit sind Zapfen geschlossen, aber wenn du sie mit nach Hause nimmst, öffnen sie sich in der trockenen Luft der Wohnung wie von Zauberhand. Sie funktionieren wie kleine Barometer.

Engel

Einen Zapfen mit Silberspray einsprühen und trocknen lassen. Auf eine Wattekugel ein Gesicht malen, dann Kugel und Zapfen mit einem Zahnstocher zusammenstecken. Arme und Beine aus Streichhölzern und Federn als Flügel in den Zapfen stecken. Einen kleinen, gelben Filzkreis als Heiligenschein und Filzschuhe als Füße ankleben.

Zapfennikolaus

Ein Gesicht auf eine Wattekugel malen und ringsherum Haare und einen Bart aus Watte aufkleben. Einen Streifen Filz um den Kopf kleben und oben mit einem Faden zu einer spitzen Mütze zusammenbinden. Den Kopf mit einem Zahnstocher in einen rot angemalten Zapfen stecken. Streichholzarme und -beine in den Zapfen stecken, Fäustlinge und Schuhe aus Filz ausschneiden und ankleben.

Tipp

Manche Zapfen sind so hart, dass sich kein Zahnstocher hineinstecken lässt. Dann kannst du die Köpfe auch einfach aufkleben.

Weihnachtskakteen

Male einen Zapfen mit grüner Farbe an. Fülle einen kleinen Blumentopf mit Knete und stecke den Zapfen hinein. Dann schneide Blüten aus Filz aus und stecke sie mit Stecknadeln in den Kaktus. Mit Tannennadeln kannst du deinen Kaktus noch stacheliger machen.

Fichtenzapfen sind länglich.

Zapfenigel

Die kugeligen Zapfen der Kiefer werden im Handumdrehen zu Igeln. Forme den spitzen Kopf aus Knete, klebe Ohren aus Filz an und stecke eine Perle als Nase fest.

141

Sternenhimmel

Aus Getreidehalmen, Gräsern und Zweigen kannst du viele verschiedene Sterne basteln – für den Tannenbaum, als Fensterschmuck oder für deinen ganz eigenen Sternenhimmel. Welcher ist dein Lieblingsstern?

Stroh nennt man die Stängel und Halme von trockenem Getreide. Meist wird es im Sommer zu großen Rundballen gepresst. Die Halme kannst du aber das ganze Jahr über im Bastelgeschäft kaufen.

Strohsterne

Drücke drei oder mehr Getreidehalme platt und lege sie wie im Bild zu sehen auf eine Pappe. Befestige die Halme in der Mitte mit einer Stecknadel aneinander und stecke sie an der Pappe fest. Umwickle die Mitte kreuz und quer mit Wolle (siehe Kasten). Lass genug Faden dran, um den Stern später aufhängen zu können! Zum Schluss kannst du die Stecknadel herausziehen.

Den Faden abwechselnd mal über, mal unter den Halmen durchführen. Ist der Stern stabil, den Faden vorsichtig zusammenknoten.

Sternschnuppe

Aus einem Stück Pappe schneidest du eine Sternform aus und bemalst sie mit Goldfarbe. Augen und Mund aufmalen und trockene Gräser als Schweif von hinten an den Stern kleben.

1 Zwei Zweige wie im Bild zu sehen knicken und übereinanderlegen.

2 Die Schnittpunkte mit Wolle umwickeln und verknoten.

Stern aus Zweigen

Und so sieht der fertige Stern aus. Du kannst auf diese Weise auch einen ganz großen Stern aus stärkeren Zweigen machen.

Schneesterne

Die getrockneten Dolden des Wiesen-Bärenklaus kannst du auch noch im Winter auf Wiesen finden. Sie sehen aus wie kleine Schneesterne! Mit weißer oder silberner Farbe besprüht, leuchten sie besonders schön. Hänge sie mit silbernen Fäden an einen Zweig oder an dein Fenster.

Hier siehst du getrockneten und mit Frost überzogenen Wiesen-Bärenklau.

Eistänzerin

Knicke einen silberfarbenen Pfeifenputzer in der Mitte und stecke ihn wie im Bild zu sehen in eine Wattekugel.

Stecke die Enden des Pfeifenputzers durch eine Dolde.

Schneekönigin

Stecke eine Wattekugel auf einen Zahnstocher und wickle ein Kleid aus Alufolie und einen Schal aus Seidenpapier drum herum. Oben in den Kopf steckst du als Krönchen die mit Silberfarbe eingesprühte Dolde.

144

3 Wickle unterhalb der Wattekugel ein Stück Pfeifenputzer um den Körper der Tänzerin und lass die Arme seitlich abstehen.

4 An die Arme und Beine kannst du noch einzelne Blüten stecken und den Kopf mit Engelshaar und kleineren Blüten bekleben.

Winterzweige

Misteln gelten als magische Pflanzen. Ihnen wird eine große Heilkraft nachgesagt.

Im Winter, wenn die Laubbäume kahl sind, werden die kugeligen Sträucher der Weißen Mistel sichtbar. Man bezeichnet sie als Schmarotzer, weil sie den Bäumen Wasser und Nährstoffe entzieht und sich davon ernährt. Misteln in der freien Natur zu pflücken ist verboten, aber wenn ein Sturm sie von den Bäumen weht, darfst du sie aufsammeln.

Ein Mistelstrauß an der Tür beschützt das Haus vor bösen Geistern, heißt es. Und wer sich an Weihnachten unter einem Mistelzweig küsst, wird ein glückliches Liebespaar. Das kannst du ja mal ausprobieren!

Haus vom Nikolaus

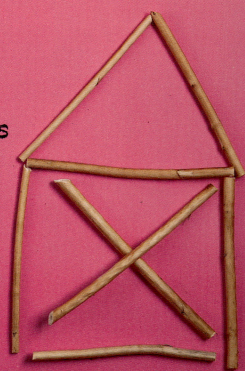

„Das ist das Haus vom Ni-ko-laus!" Diesen Spruch sagst du laut auf und versuchst dabei, das Häuschen links zu zeichnen, ohne den Stift abzusetzen. Bei jeder Silbe darfst du einen Strich machen. Na, hast du den Bogen raus?

Und so kannst du zusammen mit deinen Freunden spielen: Sammle trockene Zweige und schneide sie alle ungefähr auf eine Länge. Nun bekommt jeder Mitspieler acht Zweige und einen Würfel. Es wird reihum gewürfelt. Wer am Zug ist, darf immer so viele Zweige legen, wie Augen gewürfelt wurden. Fehlt zum Schluss nur noch ein Zweig, muss man eine 1 würfeln – eher ist man nicht fertig! Sieger ist, wer zuerst das ganze Haus vom Nikolaus vor sich liegen hat.

Barbarazweige

1. Filzblüten ausschneiden.

2. Ein Stück Blumendraht durch einen Knopf oder eine Perle ziehen und die Drahtenden durch eine Filzblüte stecken.

3. Filzblüten mit Draht an einen Zweig binden.

Nach einem alten Brauch werden am 4. Dezember, dem Tag der heiligen Barbara, Zweige von Obstbäumen geschnitten und in eine Vase mit Wasser gestellt. Im Warmen treiben die Knospen aus. Wenn sie sich genau am Weihnachtsmorgen öffnen und erblühen, bringt das Glück! Echte Obstbaumblüten kannst du auf Seite 32 sehen.

Wie du „falsche" Barbarazweige machst, siehst du oben. Sie sehen ebenfalls sehr schön aus – und bringen bestimmt auch Glück.

Eiszeit

Eiszapfen, gefrorene Dolden, vom Raureif glitzernde Zweige ... Das alles kannst du nach frostigen Nächten in der Natur entdecken. Wie du dir den Eiszauber nach Hause holst, kannst du hier nachlesen.

Eisblüte

Klebe eine getrocknete Fruchtdolde des Wiesen-Bärenklaus (siehe Seite 144) zwischen zwei Stücke einseitig klebende Folie. Vorsichtig zusammendrücken und entlang der Blütenform ausschneiden. An dieser Eisblume kannst du dich auch in der warmen Wohnung erfreuen.

Eiskönig

Für diese Bastelei brauchst du ein Stück Frischhaltefolie (ca. 40 x 40 Zentimeter). Raffe die Folie am oberen Rand zusammen und binde einen Faden darum. Eine Walnuss silberfarben anmalen und eine Krone aus Silberpapier daraufkleben. Den Kopf mit einem Zahnstocher in das Folienkleid stecken und festkleben.

1. Glitzersteine und normales oder farbiges Wasser in eine Eiswürfelform füllen.

2. In jedes Würfelfach einen langen Faden hängen. Daran kannst du die Würfel später aufhängen.

3. Die Form für ein paar Stunden – am besten über Nacht – ins Gefrierfach stellen.

4. Einen Zweig mit weißer Farbe einsprühen und die Eiswürfel daran aufhängen.

Eiswürfelbaum

Diesen Miniaturbaum kannst du nur basteln, wenn es draußen sehr kalt ist. Dann kannst du ihn im Garten oder auf dem Balkon aufstellen, ohne dass das Eis schmilzt.

Interessante Eisgebilde finden sich auch in der Natur.

Mit Raureif überzogene Äste eines Schlehenstrauches

Kleine Nusskunstwerke

Nüsse sind lecker und gesund! Frische Nüsse direkt vom Baum schmecken besonders gut. Aber nicht jeder hat das Glück, einen Nussbaum in der Nähe oder sogar im eigenen Garten zu haben. Wie gut, dass es besonders in der Vorweihnachtszeit überall Nüsse zu kaufen gibt! Welche Sorte isst du am liebsten?

Um Nüsse zu naschen – aber auch, um damit zu basteln –, brauchst du einen guten Nussknacker. Dann steht dem Knabber- und Bastelspaß nichts mehr im Wege.

Haselnuss

Erdnuss

Wusstest du, dass es sich nur bei den Haselnüssen um echte Nüsse handelt? Die Walnuss ist eigentlich eine Steinfrucht, die Erdnuss eine Hülsenfrucht.

Walnuss

Alles schwimmt!

Für das Boot, die Ente und den Frosch brauchst du je eine Walnussschalenhälfte. Der Frosch hat Beine aus Moosgummi, die Ente einen Kopf aus Papier. Im Segelboot sitzt ein Erdnusszwerg. Klebe ein Papiersegel an einen Zahnstocher und befestige ihn mit einem Stück Knete im Boot.

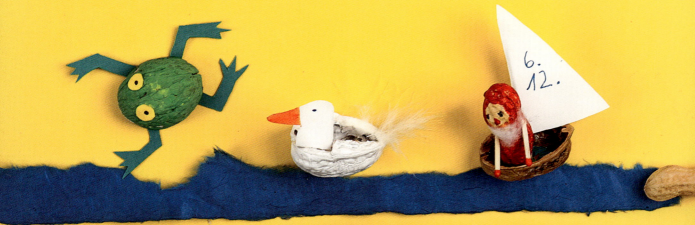

Der Fisch besteht aus einer ganzen Walnuss. Die Flossen und der Schwanz sind aus Knete.

150

Bei den Erdnusszwergen

Bemale die Erdnüsse mit roter Farbe, lass dabei aber die Gesichter frei. Klebe Bärte aus Watte und Arme aus abgebrochenen Streichhölzern an.

Das Rentier klebst du aus einer Erdnuss und einer Walnuss zusammen. Es bekommt noch Streichholzbeine, Filzohren und ein kleines Geweih aus Zweigen.

Eichhörnchen, Bär und Maus

Für das Eichhörnchen eine Haselnuss mit Knete auf eine Walnuss setzen. Streichholzarme seitlich in die Knete stecken und einen Schwanz aus Märchenwolle sowie Filzohren ankleben.

Stecke für den Bären zwei Walnüsse mit einem Zahnstocher zusammen. Klebe ein Stück Erdnussschale als Maul und Ohren aus Filz an den Kopf. Die Arme und Beine sind ebenfalls aus Filz.

Die Maus besteht aus einer goldfarben bemalten Walnussschalenhälfte, Filzohren und einem langen Wollschwanz.

Nussspiele

Nüsse sind sehr vielseitig. Du kannst sie knabbern, zum Basteln verwenden – und auch damit spielen! Wie wäre es also mit einer Partie Nusskegeln, Tannentreffen oder Mäusefangen?

Nusskegeln

Für die Zwerge jeweils zwei Walnüsse mit Knete zusammenkleben. Die unteren Nüsse rot anmalen und Zahlen daraufschreiben. Krepppapier als Mützen um die Köpfe kleben und oben zusammenbinden. Der König bekommt die höchste Punktzahl und eine Krone aus Goldpapier.

Zum Spielen stellst du die Zwerge auf und versuchst, sie mit Haselnüssen umzuwerfen. Wer bekommt die meisten Punkte?

Tannentreffen

Male diesen Baum mit Kreide draußen auf die Einfahrt oder auch auf ein großes Stück Tonkarton. Die Spitze bekommt die höchste Zahl.

Nun versuchen alle Mitspieler, aus einer bestimmten Entfernung die Tanne zu treffen. Jeder bekommt dafür fünf Nüsse und darf alle hintereinander werfen. Dann ist der Nächste dran. Die Punkte werden nach jeder Runde zusammengezählt. Wer hat nach drei Runden die meisten Punkte?

Mäusefangen

Für dieses Spiel brauchst du vier bis sechs Mäuse (siehe Seite 151) und eine Katze, die die Mäuse fängt.

Die Katze bastelst du aus einer Klopapierrolle oder einem Stück Versandrolle. Dafür die Rolle anmalen, Ohren und einen Schwanz aus Tonpapier ausschneiden und ankleben. Die Augen, den Mund und die Barthaare kannst du ebenfalls aus Papier ausschneiden und ankleben oder einfach aufmalen.

Zum Spielen malst du einen Kreis auf ein Stück Tonpapier. Dort hinein werden die Mäuse gesetzt. Jeder Mitspieler hält eine Maus am Schwanz fest, und ein weiterer Mitspieler ist der Fänger. Er hält die Katze über den Kreis und fängt an, laut zu zählen. Bei „3" ziehen die Mitspieler ihre Mäuse so schnell wie möglich aus dem Kreis. Gleichzeitig versucht der Fänger, die Katze über eine Maus zu stülpen. Das muss aber innerhalb des Kreises sein! Gefangene Mäuse sind „raus". Hat die Katze alle Mäuse erwischt, wird der Fänger gewechselt. Wer braucht die wenigsten Versuche, um alle Mäuse zu fangen?

Oh, Orangen!

Der Duft von Orangen gehört zur Weihnachtszeit wie Plätzchen backen und Lieder singen. Im Winter geerntete Orangen sind besonders süß und saftig, und der frisch gepresste Saft ist sehr gesund. Mit den Schalen von ausgepressten Orangen kannst du toll basteln. Dafür musst du das Fruchtfleisch mit einem Löffel oder einem Messer herauskratzen und die Schalen gut trocknen lassen.

Orangen heißen auch Apfelsinen. Das bedeutet so viel wie „chinesischer Apfel". Die Früchte kommen nämlich ursprünglich aus China. Das Fruchtfleisch ist sehr saftig und bei Blutorangen dunkelrot.

Weihnachtsmann

1. Stecke eine Walnuss mit einem Zahnstocher in eine Orange.
2. Den Mantel nähst du aus einem breiten Streifen Krepppapier. Dafür schlägst du einen 25 Zentimeter langen und 8 Zentimeter breiten Streifen am oberen Rand um und heftest ihn mit Nadel und Faden fest. Dann bindest du den Mantel unter der Walnuss (dem Kopf) zusammen.
3. Aus einem weiteren Streifen Krepppapier formst du eine Mütze und klebst sie auf den Kopf.
4. Augen, Nase und Mund aufmalen oder aus Knete ankleben. Haare und Bart aus Watte ankleben.

Diese Zutaten brauchst du für den Weihnachtsmann.

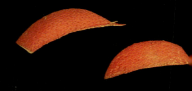

Wackelohr-Orange

Diese Orange wackelt mit den Ohren, wenn du an der Zunge ziehst! Wie du sie bastelst, siehst du in den Kästen links.

Schneide diese Teile aus zwei Orangenschalenhälften zu. In die eine Hälfte schneidest du Augen, Nase und Mund und seitlich zwei Schlitze. Aus der anderen Hälfte schneidest du zwei Ohren und die Zunge aus.

Stecke die Ohren durch die seitlichen Schlitze und die Zunge mit der weißen Seite nach außen durch den Mund. Verbinde Ohren und Zunge mit einem Zahnstocher.

Katze und Schildkröte

Für die Katze steckst du eine Orangenschalenhälfte mit Zahnstochern an einer ganzen Orange fest. Ohren, Pfoten und Schwanz schneidest du aus der anderen Hälfte zurecht und steckst alle Teile mit Stecknadeln an den Körper.

Die Schildkröte legst du dir aus fünf Erdnüssen und einer Orangenschalenhälfte zurecht. Fixiere die Erdnüsse mit Stecknadeln. Male einer Erdnuss ein Gesicht auf und zeichne mit Filzstiften ein Muster auf den Orangenpanzer.

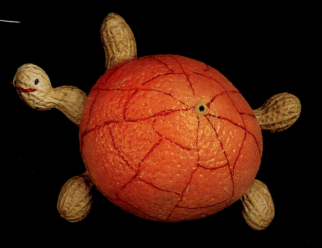

Rudi Reisig

Hänge-Birken erkennst du an ihrer schwarz-weißen Borke.

Dünne Zweige wie die langen, herunterhängenden Ästchen der Hänge-Birke werden Reisig genannt. Dieses Birkenreisig wird für die Herstellung von Besen verwendet. Und auch du kannst dir deinen eigenen Besen daraus binden. Weinreben liefern noch feineres Reisig, das sich besonders gut formen lässt, zum Beispiel zu Rudi Rentier. Weinrebenreisig kannst du in größeren Bündeln beim Floristen kaufen.

Auch dieses Herz kannst du ganz leicht formen, indem du das Reisig mit braunem Blumendraht umwickelst.

Herz

Ein Herz aus Weinrebenreisig zu formen ist eine gute Übung, um mit dem Material vertraut zu werden. Binde eine Schleife daran, um es zu verschenken oder aufzuhängen.

Reisigbesen

Für diesen Besen brauchst du einen möglichst geraden Birkenast und Birkenreisig. Meistens liegen genügend Zweige unter den Bäumen und du kannst sie dort einfach aufsammeln. Schneide alle Zweige gleich lang zu und binde sie mit Blumendraht um den Besenstiel.

Rentier

Wenn du Rudi wie in den Bildern zu sehen geformt hast, braucht er noch ein schönes Geweih aus Ästen. Stecke sie einfach am Kopf fest. Die Äste dürfen aber nicht zu schwer sein, sonst fällt Rudi um! Binde eine Decke aus Filzstücken mit Blumendraht auf dem Rücken fest. Rudis Nase besteht aus zusammengeknülltem Buntpapier. Augen und Ohren sind aus Buntpapier ausgeschnitten, der Mund ist ein roter Wollfaden. Klebe alles auf dem Reisig fest.

1 Forme den Körper aus einem Strang Reisig und umwickle ihn fest mit braunem Blumendraht.

2 Stecke vier gleich lange Stöcke als Beine in den Körper.

Vom Himmel hoch ...

Gezackte Blätter und die getrockneten Blütenstände einer Gartenhortensie lassen sich in diese himmlischen Wesen verwandeln.

Feldahorn- und Roteichenblätter sind gut geeignet.

Blätterengel

Hast du noch Blätter übrig, die du im Herbst gepresst hast? Dann hol sie jetzt hervor, denn es ist Zeit, Weihnachtsengel zu basteln!

Sprühe die Blätter mit Silber- oder Goldspray an und lass die Farbe trocknen. Oben auf die Blattstiele klebst du Wattekugeln, unten an die Blattränder Schuhe aus Papier. Die Flügel bestehen aus Federn, die du von hinten an die Blätter klebst.

Trockene Blüten der Gartenhortensie am Strauch

Blütenengel

Besprühe den Blütenstand einer Hortensie mit Goldglimmerspray und lass die Farbe trocknen. Dann wickle Goldfolie um den Stiel (siehe Kasten unten) und klebe eine Wattekugel oben drauf. Streichhölzer als Arme, Federn als Flügel und zwei längere Holzstäbchen als Beine ankleben. Schuhe aus Papier ausschneiden und ebenfalls ankleben.

So wickelst du die Goldfolie um den Stielansatz.

Hallo!

Ich bin Sabine Lohf. Auf dem Bild unten siehst du mich in meinem Atelier. Schon als kleines Mädchen habe ich am liebsten mit Freunden im Garten, auf der Wiese oder im Wald gespielt. Wir haben Schneckenhäuser gesammelt und uns überlegt, wie es wohl wäre, darin zu wohnen. Oder wir haben uns mitten in eine Wiese voller Pusteblumen gelegt, haben die kleinen Fallschirme in die Luft steigen lassen und dabei zugesehen, wie sie am Himmel verschwanden. Besonders toll fanden wir das Fallobst unter den Apfelbäumen. Daraus sind viele kleine Apfelmännchen entstanden.

Apfelmännchen aus Fallobst

Draußen an der frischen Luft sein und Naturschätze suchen, entdecken und sammeln, sie zeichnen, fotografieren oder damit basteln – all diese Dinge tue ich heute noch gern. Meine Fundstücke trage ich in mein Atelier. Dort habe ich all die Blätter, Blüten und Zweige, die du in diesem Buch siehst, für dich in kleine Kunstwerke und schöne Dinge zum Spielen verwandelt und sie fotografiert. Probier es auch mal aus!

Mit einer kleinen Kamera oder mit dem Handy kannst du bei deinem nächsten Spaziergang durch Felder und Wiesen Fotos machen oder zu Hause deine Basteleien im Bild festhalten. So kannst du dich später immer wieder daran erfreuen, auch wenn die Naturschätze längst verblüht sind.

Mehr über meine Bücher und Projekte findest du unter www.sabine-lohf.de